Les plus beaux villages…

「ベルギーの最も美しい村」全踏破の旅
Les plus beaux villages de Wallonie

吉村和敏
Kazutoshi Yoshimura

ワロンの「美」と「食」を巡る旅
The Most Beautiful Villages in Belgium Wallonia on foot

　ヨーロッパを巡る旅をはじめた頃から、ベルギーはいつも気になる国の一つだった。小さな国でありながら、欧州連合（EU）の本部や日本の二大企業の欧州本社が置かれ、ヨーロッパの中心としての存在感を放っている。また、ビール、チョコレート、ワッフルはあまりにも有名で、飲食に携わる人からの注目度も高い。だからフランスとイタリアの「最も美しい村」を旅しているとき、実は密かにベルギーの村巡りも楽しみにしていた。

　イタリアの旅が終わると同時に、ベルギーの旅の準備に取りかかった。「最も美しい村」に認定された村は、南部のワロン地方に点在している。現地の協会本部に問い合わせたら、資料とともに最新の情報を送ってくれた。1994年の設立当初から受け継がれているのは24村だが、2016年新たに3村が加わり、計27村になるという。

　2015年7月、ベルギーへ向け旅立った。首都ブリュッセルの空港でレンタカーを借り、ハイウェイA8号線を西へ向かう。まず訪れたのは、エノー州の片田舎にポツンと位置するオブシー村だ。

　村は、想像していた以上に素朴だった。教会の周りに石灰石造りの民家が建ち並び、路地の先には牛や馬がのんびりと草を食む牧草地が広がっている。ふと「この村に個性があるのだろうか……」と不安になったが、歩きはじめたらそんな心配は杞憂に終わった。教会には、11世紀から受け継がれた深い歴史があり、湖の畔には、先史時代からガロ・ローマ時代の貴重な遺跡が展示された考古歴史博物館があったからだ。

　その後、村巡りをしていく過程で、もう一つ驚いたことがある。それは多くの村で、地元の新鮮な食材を使いオリジナリティあふれる料理を提供するレストランがあることだった。中にはミシュランの星に輝く有名店もあった。

　フルーティーな味わいの地ビールを飲み、彩り豊かな美味しい料理に舌鼓を打つ田舎の旅を繰り返していたら、ベルギーが「美食の国」といわれる所以がはっきりしてきた。

　どの村でも積極的に村人と交流した。誇りを持って厨房に立つレストランのシェフ、おもてなしの心で旅人を迎え入れる宿のオーナー、農場の片隅でこだわりのチーズを作る農民、工房で木工作品を生み出すアーティスト、朝の散歩を楽しむ元郵便局員のお爺さん……。ずっとあたためてきた自分の夢を叶え、毎日を楽しみながら幸せに暮らしている人たちは、親しみやすくて、話好きだ。一つ一つの輝きあるストーリーは、美しい人里の風景と重なり、よき思い出として心の中に蓄積されていくのだった。

　その年に行った夏の旅では、「最も美しい村」に認定されている27村すべてを訪れることができた。冬にもベルギーに足を運び、同じように全村を巡った。レストランのメニューはジビエを中心とした料理に切り替わっていたので、また新しい食の感動を味わうことができた。

　この本では、2つの季節から生み出された写真を惜しみなく使い、旅行記とともに村の隠れた魅力に迫ってみた。ワロンの片田舎に流れる時間を感じながら、ページを捲ってもらえると嬉しい。

「ベルギーの最も美しい村」
Les plus beaux villages de Wallonie

　1994年に、「ベルギーの最も美しい村」協会が設立され、村の加盟制度が発足した。2016年4月現在、ワロン地方に点在する27村が加盟している。

　村の選定は、2つのグループに分けて行われる。大学教授や立案者、建築家などからなるグループは、村の歴史、教会や城などの建造物の調査を行い、民間の観光業者からなるグループは、ホテルやレストラン、駐車場など、旅行者の受け入れ態勢を見直していく。最終的に、双方から上がったレポートを基に、関係者たちの投票によって「最も美しい村」への登録が決まる。

　村の審査は5年ごとに行われている。人口増加などによって素朴な村の雰囲気や農村風景が失われると、協会から厳しい指導がなされ、登録を抹消されることもある。人口の制約はないが、ワロン地方には1000人を越える村がほとんどなく、現在登録されている村の人口は100〜800人となっている。

　協会は、出版物やホームページなどで各村のアピールやイベント活動の告知を積極的に行い、新規事業の開拓を支援する。設立当初から、ワロンの「農業」と「食」が地域振興の重要な柱になっている。小規模農家が生み出す質の高い有機野菜、チーズ、精肉など、時に村内で直接販売して消費者に届けたりもする。また、レストランでは、地元の新鮮な食材を使うことで、料理の質を高め、伝統料理を受け継ぐ努力をしている。これらの地道な取り組みによって、どの村も旅行者や移住者が増加傾向にある。

「ベルギーの最も美しい村」URL
http://beauxvillages.be/（フランス語、オランダ語）

「世界で最も美しい村」連合

　1982年に「フランスの最も美しい村」が、地方の村の保全と活性化を目指して設立された。その後、1994年に「ベルギー（ワロン地方）の最も美しい村」、1998年に「カナダ（ケベック州）の最も美しい村」、2001年に「イタリアの最も美しい村」、2005年に「日本で最も美しい村」が発足した。2003年、フランス、ベルギー、イタリアにより設立された「世界で最も美しい村」連合は、2010年に日本、2012年にはカナダも加盟し、同年、5ヵ国で世界連合協定書にサイン、フランスで法人登録された。2016年には「スペインの最も美しい村」が世界連合会に加盟する。ルーマニア、ドイツ（ザクセン）、韓国でも世界連合会加盟の準備を進めている。

ベルギーの最も美しい村
——伝統の重みと活力——

　2015年に北海道美瑛町で開催された第10回世界連合会総会の際、「日本で最も美しい村」連合のご招待で、皆様の美しい国を訪れることができました。そのときに受けた日本のおもてなしは、我々ベルギー代表団それぞれの記憶に深く刻まれています。

　最も美しい村々を通じて発見するその国の魅力は、都会を訪れるときとは違って、より深い視点でその国を見られることにあると思います。それは現代性を否定することではなく、伝統の重みや活力に引き寄せられ、心を打たれるからなのです。そのあふれる魅力に惹かれ、また訪れずにはいられなくなるでしょう。

　我が国の村々もまた、何世紀にもわたって培われてきた景観や自然が我々に語りかけます。村の家々は、木造よりも石や煉瓦で造られたものが多いのも特徴です。

　長年にわたり、ワロン地方の村は観光地として穏やかに発展してきました。快適に整備された施設や、丁寧に修復された家々は、訪れるべき場所として、自信を持ってお勧めできます。

　我々は海外からの観光客を喜んで受け入れています。特に日本からの訪問は、嬉しく、誇らしく感じます。言葉の壁はあっても、日本の皆様が村人やその土地を敬う心、その村の魅力と真剣に向き合ってくださっていることを村人は見逃してはいません。

　吉村和敏氏と講談社が「ベルギーの最も美しい村」に関心を寄せてくださったことに心から敬意を表します。吉村氏は、何度か取材に訪れてくださいましたが、建物やレストランだけでなく、村人との出逢いにも重きを置いて取材してくださいました。

　この美しい本を手にしたのですから、きっと「ベルギーの最も美しい村」に興味を持ってくださったのでしょう。家にいながらにして、ページを捲りながら、村々の魅力を感じてもらえる一冊です。関心を持ってくださって感謝します！

　そして、実際に訪れるときには、是非このガイドもお持ちください。皆様を心から歓待いたします。

「ベルギーの最も美しい村」協会　会長
アラン・コリン

翻訳：大庭パスカル

CONTENTS

「ベルギーの最も美しい村」
全踏破の旅

ワロンの「美」と「食」を巡る旅 ── 2
「ベルギーの最も美しい村」
「世界で最も美しい村」連合 ── 4
ベルギーの最も美しい村―伝統の重みと活力― ── 5

ベルギー・ワロン地方MAP ── 188
ベルギーの最も美しい村 索引 ── 190

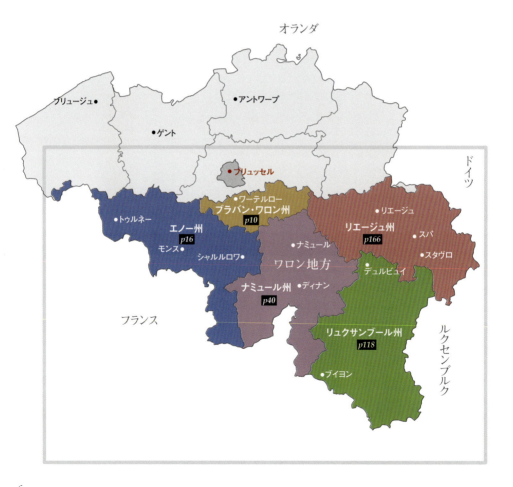

ブラバン・ワロン州
Province du Brabant wallon

メラン Mélin ──────────────────────── 10

エノー州
Province de Hainaut

オブシー Aubechies ──────────────────── 16
ラニィー Ragnies ───────────────────── 22
バルバンソン Barbençon ──────────────── 28
ロンプレ Lompret ────────────────────── 34

ナミュール州
Province de Namur

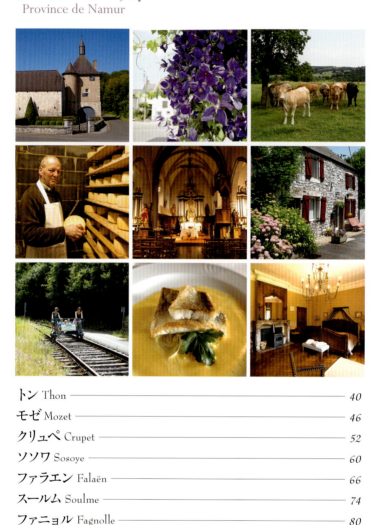

トン Thon	40
モゼ Mozet	46
クリュペ Crupet	52
ソソワ Sosoye	60
ファラエン Falaën	66
スールム Soulme	74
ファニョル Fagnolle	80
セル Celles	86
ヴィエルヴ・シュール・ヴィロワン Vierves-sur-Viroin	94
グロ・ファイ Gros-Fays	100
ラフォレ Laforêt	106
シャルドヌー Chardeneux	112

リュクサンブール州
Province du Luxembourg

ウェリス Wéris	118
ニィ Ny	126
ソイエ Sohier	132
ノーブルサール Nobressart	138
トルニー Torgny	144
ミルワール Mirwart	152
シャスピエール Chassepierre	160

リエージュ州
Province de Liège

クレールモン Clermont	166
オルヌ Olne	174
ソワロン Soiron	182

> ブラバン・ワロン州
> Province du Brabant wallon

メラン
Mélin

ゴベルタンジュという 白い石の採掘で 繁栄してきた村

8世紀、ブラバン公の私有地だったこの村は、14世紀にはウィレム1世に侵攻され、15世紀には宗教戦争に巻き込まれ、17世紀には流行病で甚大なダメージを受けた。それでも豊かな土壌がもたらす農産物とゴベルタンジュという良質な白い石の採掘で村は維持されてきた。

MAP P189-D1

　村の中には、白い石壁を持つ民家が数多く建ち並んでいた。この村は近くの採石所で、ゴベルタンジュと呼ばれる質の高い白い石が採れることで知られている。17世紀、ルーヴェンの市庁舎、メッヘレンの大聖堂、ブリュッセルのサン・ミッシェル大聖堂や市庁舎の改修の際に積極的に用いられ、村に繁栄をもたらした石だ。

　3本の道が交差する小さな広場には、戦争慰霊碑(P11下中)が建っていた。第一次、第二次世界大戦で戦死した村人の名前が刻まれている。すぐ近くに、石畳と芝生に覆われた中庭を持つ農家(P13上)があった。ここで、土曜日の朝9時から、オーガニック野菜の市場が開かれるという。

　路地を歩いて行くと、ノートルダム・ド・ラ・ヴィジタシオン教会(Église Notre-Dame de la Visitation)(右上)の前に出た。1543年に建てられ、1780年にネオクラシック様式に改築された大きな聖堂だ。石と関わりがある村らしく、教会の前にある聖母像(左上)は、大きなゴベルタンジュに抱かれていた。

　村の中を歩いていたら、「ガーデンを見てみるかい?」と、庭仕事をしていたおじさんに声をかけられた。家の裏には手入れの行き届いたガーデンがあり、その先に水鳥が泳ぐ静かな池(P13下)があった。

「周りにあるポプラの並木が、地下水の流れをうまく堰止めているんだよ。強風も和らげてくれる」

　ジェラルド・アイエさん(P13左中)は、ブリュッセルのテレビ局で働くジャーナリスト。35年前、この村の素朴な雰囲気に惹かれ、18世紀の古い農家(P13右中)を購入し、移り住んだという。

　郊外には、大きな農家が点々と建っていた。中でもエスレ農家(Ferme de la Hesserée)(P11上)は、城を彷彿とさせる立派な造りだった。ゴベルタンジュの高い塔を持ち、壁にはゴシック様式の美しい窓がはめ込まれている。横長の建物

　全体を眺めるには、向かいの畑の高台まで後退しなければならなかった。
　次に、1734年に建てられたブロンドォ農家（Ferme Blondeau）(上)の前まで行ってみる。巨大な納屋はまるで迫ってくるような迫力だ。傾斜した切り妻屋根に整然と並ぶ瓦の美しさに心打たれた。
　一軒の農家が、ラ・センス・ドュ・セニュール（La Cense du Seigneur）(P15)というB&Bになっていたので、早速ドアを叩いてみる。

　オーナーのエリック・ル・アルディ・ドォ・ボォリュさんに導かれ重厚な門を潜ると、まず目に飛び込んできたのが、中庭から丘陵へとつづく見事なフランス式庭園だった。エリックさんは造園家だという。1.5haの広大な土地に、18世紀の古典的な庭園を蘇らせ、宿泊者が自由に見て回れるようにした。外からは全く想像がつかなかったスケールの大きさに驚いていると、彼はこう教えてくれた。
　「昔は、どの農家も門の上に鳩部屋があり、食用の鳩を飼育していた。よそから来た人は、この鳩部屋の大きさを見て農家の規模を理解していたのさ」
　宿の方は奥さんに任せているという。2階にあるゲストルームを見学させてもらった。スイートとスタンダードの2部屋だけだったが、所々にアンティークの家具や調度品が置かれ、モダンと古さが混じり合う居心地のいい空間になっていた。

URL http://www.lacenseduseigneur.be/

エノー州
Province de Hainaut

オブシー
Aubechies

新石器時代から ローマ帝国にいたるまでの 歴史を見られる村

11世紀後半にサン・ジェリー教会が建てられ、農業を中心に繁栄してきた。5000年前からの歴史をたどることができる野外の考古歴史博物館があり、敷地内には当時の生活様式をうかがえる建物が点在する。

MAP P188-B1

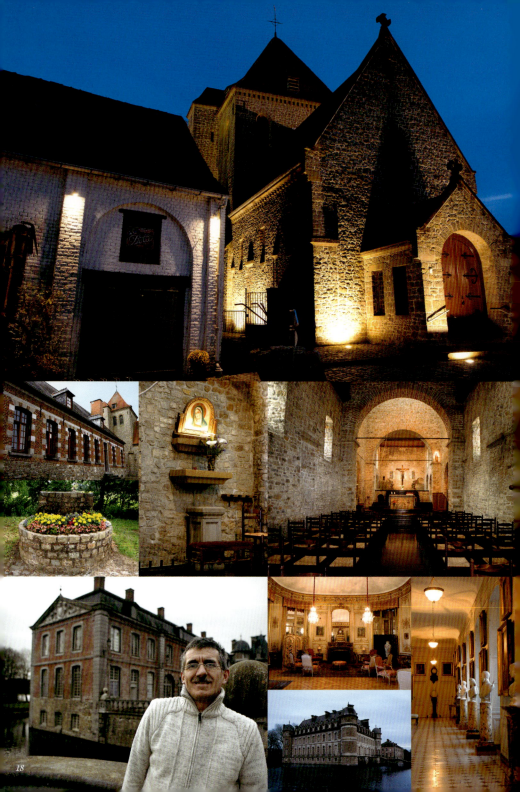

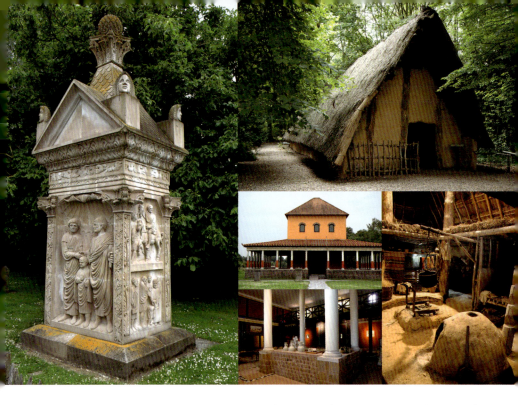

　村の中心に、ロマネスク様式のサン・ジェリー教会 (Église Saint-Géry) (P18上) が建っていた。11世紀、この場所に聖堂が建設され、度重なる修復を得て、今の形になったといわれている。単身廊の堂内は石壁で、祭壇 (P18右中) はあたたかみのある黄色い光につつまれていた。

　近くに煉瓦造りの大きな建物 (P18左中) があった。11世紀後半からベネディクト修道院の小修道院として使われていたが、1862年、エリセム男爵家が村に寄贈、以後、1977年まで公民館だったという。

　池の畔(ほとり)にあるオブシー・ベルイユ考古歴史博物館 (Archéosite et Musée d'Aubechies-Beloeil) (P19) に立ち寄ってみた。ここは、5000年前、先史時代 (新石器時代、青銅器時代、鉄器時代) からガロ・ローマ時代の暮らしの様子を、実際に発掘された遺跡を元に再現したベルギーで最大の野外博物館として知られている。

　森の小径を行くとまず現れたのが、日本の竪穴式住居を彷彿とさせる先史時代の住居跡。青銅器時代の家の中には、パンや陶器を焼く窯があった。

　その先には、広大な土地に、ガロ・ローマ時代のネクロポリス (墓地)、神殿、コロネードギャラリー、ヴィラが建っていた。内部には、出土した壺や食器などが展示されている。

　その後、車で10分ほど走ったところにあるベルイユ城 (Château de Beloeil) (P18下) に行ってみた。

　25haにも及ぶ広大な18世紀フランス式庭園を持つ巨大な城だ。ヨーロッパ有数の貴族リーニュ家の14世紀以来の居城で、15〜19世紀の美術品、2万巻の蔵書があることで知られている。

　城の管理人アラン・ジャンメソンさん (P18左下) の案内で、1〜2階の部屋を見学した。18世紀の椅子、箪笥、テーブル、コンソール、ガラス器、磁器、16〜18世紀に描かれた何枚もの絵画を鑑賞し、まるで美術館にいるような贅沢で心豊かな時間を過ごすことができた。

　感動の余韻を引きずりながら村に戻る。

　夕食を食べようと教会の近くにあるレストラン、

　タベルヌ・サン・ジェリー(Taverne Saint-Géry)(P16右、P20-21) に入った。オーナーのクリストフさん(P21上)が、「どうだ、この村を超える村は、世界中どこを探してもないだろう」とジョークを交えながらビールを勧めてくれる。

　実はランチもこのレストランで食べている。300年前に造られた建物で、ポット、陶器、木靴、看板などが所狭しと並ぶ店内の楽しげな雰囲気に惹かれ、また、地元料理カバーストーン(ポテト、チーズ、ビーフ)(下)も美味しかったことから、夕食もここで取ろうと決めていたのだ。

　デュポン醸造所のボン・ヴー(Bons Vœux)を飲んでいたら、店には次々と地元の人がやって来た。この村に日本人の写真家が来ているという噂を聞きつけ、興味ある人たちが集まって来たらしい。

　その中に、チーズソムリエのジャッキ・カンジュさん(左中)がいた。テーブルの上には、お店から持ってきたという良質なチーズのスライスが置かれていた。どれも濃厚、クリーミーでとても美味しい。チーズは、ハーブと組み合わせたり、スモークすることによって、旨みが2倍にも3倍にも増すことを教えてもらった。

　「私たちのチーズは日本へも輸出しています。帰国したら是非神楽坂にあるお店に立ち寄ってみてください」

　料理は、豚もも肉のステーキだった。地元の人と話をしながらの夕食はとても楽しかった。

URL http://www.archeosite.be/
URL http://www.chateaudebeloeil.com/
URL http://www.taverne-saint-gery.be/

エノー州

Province de Hainaut

ラニィー
Ragnies

美しく広がる田園地帯に村人が誇る建築物が建ち並ぶ村

ゴシック様式の大きな教会を中心に、煉瓦と石灰石で造られた建物が建ち並んでいる。有名シェフが経営するレストラン、地元の果物で最高級蒸留酒を作る蒸留所など、美食を求め訪ねる人も多い。

MAP P188-C2

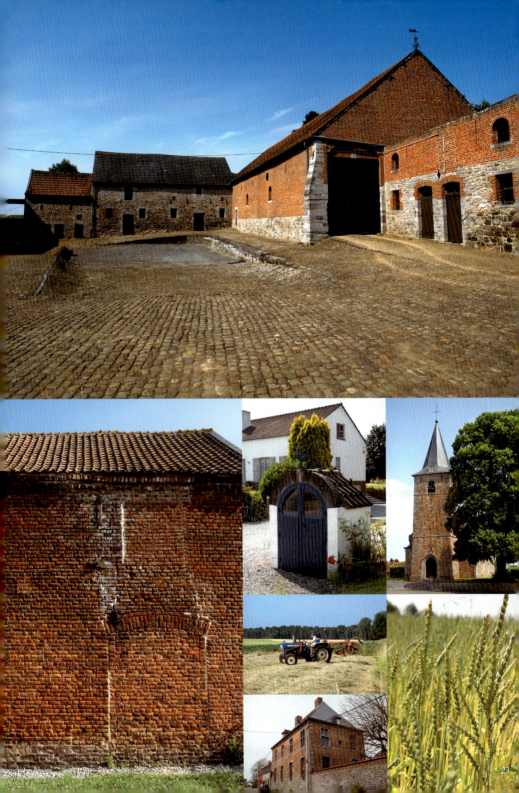

　教会の前の小さな広場に車を停める。エンジン音が消えると、近くの幼稚園から子供たちが庭で遊ぶ声が微かに聞こえてきた。
　12世紀の鐘楼と身廊を持つサン・マルタン教会（Église Saint-Martin）(P23右中) を見学した後、そこから枝のように分かれる路地を歩いて行く。洒落たクロス窓を持つマスカール城／メゾン・エスパニョール（Château Mascart ou Maison espagnole）(P23下中) はすぐに見つかった。今は歯科医院になっているという。
　広大な敷地に建つ大きなファームハウス(上)があった。邸宅のドアをノックする。フォーチュナティ夫妻(右下)は突然訪れた旅人を快く迎え入れてくれた。
　ご主人のディディエさんが、壁の石組みを指差しながら語る。
「この部分、修道院のファサードです。フランス革命の頃、村の建物の大部分は壊されました。実はこの家は、そのときに瓦礫として放置されていた石灰石で造られているのです」

　広大な庭の真ん中には、樹齢400年のイチョウの木が植わっていた。かつてのオーナーは、世界中の木を集めるのが好きだったという。また、邸宅の横にある長屋は、貸別荘になっていた。
　次に、車で5分ほどの所にあるフォストォ城（Château du Fosteau）(P25) に行ってみた。
　牧草地に忽然と現れた森の中に、4つの美しい塔を持つ14世紀の古城が建っていた。
　入場料を払って中に入る。ベルギー1といわれているゴシック様式の部屋はなかなか見応えがあった。中でも、貴重なアンティーク家具が置かれた部屋、当時の薬局を再現した部屋が素晴らしかった。
　受付にいた方に、「是非庭園もご覧ください」と言われたので、建物の反対側に回ってみる。そこには、バラの花が咲く見事なフランス式庭園があり、池には白鳥が泳いでいた。
　再び村に戻り、レストラン、ラ・パール・デ・アンジュ（La Part des Anges）(P26) の扉を開ける。14時を回っていたにもかかわらず店内のテ

　ーブル席はいっぱいだ。
　最初に出された香り高いパンを一口食べたとき、これから出される料理に期待が高まった。
　丁寧な味付けと繊細な盛りつけがされた野菜とシーフードのオードブル、特製のクリームソースやフルーツソースと一緒に食べるホタテ、ジビエなどのメインディッシュは、どれも言葉を失うほど美味しかった。この小さな村で出会った上質な味に、ただただ驚くばかりだ。
　シェフのアドリアン・ドランシさん(右上)は、ベルギーの35歳以下のトップシェフ50に選ばれているという。先ほど料理をテーブルに運んできてくれたのが奥さんだ。別れ際、二人の写真を撮った。
　食に関して、この村にはもう一つ外せない場所がある。ディスティルリー・ド・ビエルゼ (Distillerie de Biercée) (P27) だ。ここは、最高級の蒸留酒を生み出す蒸留所として知られている。1946年の創業以来、リンゴ、サクランボなどの無農薬の地元のフルーツを使い、人工調味料、保存料、着色料を一切使わないという徹底したこだわりで、究極の蒸留酒を作ってきた。
　蒸留所は村の外れにあった。かつて下級裁判所だった建物を改築したという。
　ショップでは、一番のブランドであるオー・ド・ヴィレー (Eau de Vilée) をはじめ、ビエルゼ・ジン (Biercée Gin)、プアール・ウイリアム No.1 (Poire Williams No.1) などが売られていた。奥には蒸留器が展示してある博物館、オープンテラスがあるレストランが併設されていた。

URL http://lapartdesanges.be/
URL http://www.distilleriedebiercee.be/

エノー州
Province de Hainaut

バルバンソン
Barbençon

12世紀、バルバンソン家が
統治したといわれる村。
村外れの湖畔に
その城の名残がある

9世紀から数々の礼拝堂が造られたが、現在はほとんど残っていない。17世紀にはフランスに売却されたことも。豊饒な土地に恵まれて、農業で栄えてきた。

MAP P188-C2

　村に入る手前の農地に、小さな石造りのチャペル (P28上中) が建っていた。かつて、毎日移動を繰り返す農民が神に祈りを捧げていた場所だという。
　村に入り、真っ先に視線が奪われたのは、16世紀に建てられた荘厳なサン・ランベール教会 (Église Saint-Lambert) (上) だった。
　朝の早い時間帯なので、村内はひっそりと静まりかえっている。向こうから歩いてくるお爺さんがいたので、早速声をかけてみた。
　エディ・ルセルさん (P28右上) は今年 80歳。この村の郵便局で働き、定年退職するまで配達業務を行ってきたという。
　「今は車だが、昔は歩いて郵便物を配っていたさ。しょっちゅう村人からお茶をもらい、年末はよくビールを飲んだな。だからこんな小さな村でもすべてを配り終えるまでにかなり時間がかかったんだよ」
　エディさんは、教会の横にある3階建ての家で暮らしていた。別れ際、「この道を歩いて行ってごらん。美しい湖があるから」と教えてくれた。

　羊が草を食むのどかな牧草地を過ぎると、再び集落が現れた。切り妻屋根を持つ大きな石造りの民家や納屋が多い。
　目の前に湖が現れた。真ん中に、樹木が茂る小さな島がポツンとある姿が何とも可愛らしい。右手には石壁が連なり、その向こうに、12世紀、バルバンソン家が建てた城 (P31下) があった。私有地のため、近づくことはできない。
　湖の最も奥まったところに、カフェがポツンと建っていた。突然の訪問者に驚いたのか、畔で羽根を休めていた鴨が湖に慌てて滑り出していく。
　さらに歩いて行くと、崖の上へとつづく小径があり、高台から村を一望することができた。森の中に小さなチャペル (P32) があり、中を覗くと、祭壇には穏やかな表情をした3体の聖母像があった。
　目抜き通りで、オーベルジュ・デュ・ラック (L' Auberge du Lac) (P33左上、左中) を見つけた。バーカウンターとテーブル6席だけの小さなレストランだが、地元の食材を丁寧に調理し、美味しい伝統料理や地中海料理を提供することで有名なレストランだという。残念ながら9月〜6月

は週末のみの営業だったので、食事は次回訪れるときの楽しみにとっておくことにした。

さらに路地を歩いていくと、ラル・ドートルフワ（L'Art d'Autrefois）(P33右下) と看板が掲げられた大きな倉庫があった。庭には無造作に家具や雑貨が置かれている。リサイクルショップだろうか……。早速ドアを叩いてみると、おばさんが出てきた。突然現れた日本人に驚きながら、「ご自由にどうぞ」と言って倉庫の鍵を開けてくれる。

中に入って驚いた。山ほどの骨董品が所狭しと置かれていたからだ。

オーナーのアニエス・パイヤンさん (P33下中) が説明してくれる。

「ここは、私を含む10人で経営しているのです。骨董品店というよりは骨董品の卸と言った方がいいかもしれません。フリーマーケットで物を売っている人たちが、まとめ買いによくやって来ますよ」

倉庫の中を歩いてみる。家具、時計、衣類、調理器具、食器と、あまりにも色々なものがありすぎて、逆に目移りしてしまう。そのとき、ボッホ (P33右中) のアンティーク食器が積み重なっているコーナーに目がとまった。ボッホ窯は、1748年、フランソワ・ボッホが設立した製陶会社で、当時とても人気のあった陶磁器メーカーだ。今のビレロイ＆ボッホの前身でもある。このボッホのアンティーク食器は日本でも人気があり、1万円以上の値がつけられ取り引きされている。

値札を見て驚いた。キズ一つないプレートのセットがたったの5ユーロ、コーヒーポットが8ユーロと、どれも格安だったからだ。思わず買い占めたくなったが、日本に持って帰るのが大変そうだったので、やめておいた。

ラル・ドートルフワは、ベルギーでも知る人ぞ知る骨董店になっているらしい。この日、たまたま来ていたお客さんが、中世の頃、教会で使われていたプリ・ディウ（Prie-Dieu）(P33右上) と呼ばれる教会椅子を衝動買いしていた姿が印象的だった。

URL http://www.laubergedulacbarbencon.be/

　　エノー州

Province de Hainaut

ロンプレ
Lompret

数々の遺跡が残り、
新石器時代からつづく山里の村

新石器時代の墓石、ガロ・ローマ時代の宝物などが発掘されている。15世紀からブザントン家、16～17世紀はランファス家などが統治してきたが、1655年にジャキエ家が荒れていた城を買い取り、現在の村の形を造った。

MAP P188-C3

　村は山谷にひっそりと息づいていた。一本の川が流れ、1879年に建てられたネオゴシック様式のサン・ニコラ教会（Église Saint-Nicolas）(P37右中) の近くに、石造りの民家や納屋が点在している。家庭菜園では豆やジャガイモの花が咲いていた。

　所々にイチイの木が植わっていた。この木には、ガロ・ローマ時代、異国で戦死した兵士たちが安らかな眠りにつけるように、自国のイチイの実と一緒に埋葬した、という言い伝えが残されているという。

　14世紀に建てられたサン・ニコラ城（Château de Saint-Nicolas）を探してみたら、村外れの草むらで、高さ3mほどの石壁と塔 (P37右上) を発見した。

　川沿いにエルヴァージュ・ド・ラ・プティット・スイス（Elevage de la Petite Suisse）(P37下) という大きな農場があった。牛舎を覗くと、牛の世話をするおじさんがいたので声をかけてみる。

　ユーグ・デルゼールさん (P37右下) は、この村で生まれ育ち、若い頃から畜産を営んできた。今は常時種類の異なる30頭ほどの牛を飼い、肉は業者に卸すのではなく、直接一般の消費者に販売する方式を取っているという。

　「牛にビールを飲ませる実験もしているんだ」とユーグさん。どうやら、日本の神戸牛にビールを飲ませているという記事をどこかで読み、それを真似ているらしい。

　「こいつが一番ビールが好きなのさ」とバケツに入った地ビール、ブラッセリー・ド・シランリュウ（Brasserie de Silenrieux）を餌箱に入れると、牛は飼料と一緒にムシャムシャと美味しそうに食べていた。

　「ホームページ用に牛との記念写真が欲しかったんだ。ちょうどいい、そのカメラで撮ってくれ」

　ご自慢の種牛を牛舎から出してきたので、何

　枚か写真を撮ってあげた。
　ふたたび村歩きをはじめる。目抜き通り沿いのレストラン、ロ・ブランシュ(L' Eau Blanche)(P36)のテラスでは、車でやって来た家族連れ、バイクのツーリングを楽しむ人たちがビールやコーヒーを飲みながら雑談をしている。ここは美味しい地元料理を出すレストランだという。
　ふと、村を俯瞰で眺めたいと思い立ち、崖の上まで行くことができる道を探した。村の外れまで行き、農道脇の小径を歩いてみたが、どの道も行き止まりになってしまう。いったん村に戻り、まだ牛舎にいたユーグさんに尋ねると、「そこに入り口があるよ」と、建物と建物の間にできた幅1mほどの路地を指差した。
　樹木が生い茂る小径を、息を切らせながら登りはじめる。10分ほど歩くと、岩山のてっぺんにある見晴らしのいい場所(P39)に出た。
　ロンプレ村の全景は素晴らしかった。山谷に開けた狭い細長い土地に、緩やかな曲線を描く川が流れている。その川の流れに沿うように、教会や民家が建てられていることがよくわかる。
　夕方、教会の近くでホテル・ド・フラン・ボア(Hôtel de Franc Bois)(右上)を見つけた。ドアの横に飾ってあった写真を見ると、それぞれの部屋の造りが違う素敵なプチホテルだ。今晩の空き部屋はあるというので、65ユーロの部屋を取ることにした。
　オーナーのエロワさんが、日本からの旅人を歓迎してくれる。
　「実はこの建物も城の一部なんですよ。今、駐車場になっているところが中庭で、その向こうにかろうじて残されている石壁につづいていたのです」
　何と、サン・ニコラ城は姿を変えて存在していたのだ。城に泊まれるということが、何だかとても嬉しかった。

URL http://hoteldefrancbois.be/

ナミュール州
Province de Namur

トン
Thon

5世紀後半の墓が
残っているという、
古い歴史を持つ村

中世に建てられたサンソン城は、17世紀にスペイン王に壊されるまでこの辺りで最も大きな城だった。村は衰退したが、19世紀に採石産業で息を吹き返した。

MAP P189-D2

　ムーズ川（La Meuse）沿いは切り立つ崖になっていた。その崖に延びた細い道を上がっていくと村が現れた。背後には麦畑やトウモロコシ畑、のんびりと牛が草を食む牧草地が広がっている。

　村で真っ先に目にとまったのが、17世紀に建てられたトンの要塞農家（Château-ferme de Thon）(上) だった。私有地のため中に入ることはできなかったが、門を潜った広場から、白壁の建物の一部を見ることができた。

　サン・レミ教会（Église Saint-Remy）(P43) は、通りを挟んだ向かい側に建っていた。1780年に建てられた古典的な教会で、堂内の柱には松ぼっくりと花の飾りが施されているという。見学したかったが、扉には鍵がかかっていた。

　中庭のガーデンへつづく門も閉ざされていた。諦めて立ち去ろうとしたとき、庭の手入れをしていたおじさんが、「中に入っていいぞ」と鍵を外してくれる。

　ラベンダーの花はあと少しで満開だ。リンゴの木が規則正しく植えられ、枝にはたくさんの小さな赤い実がついている。ガーデン内を歩き、初夏の彩りを存分に楽しんだ後、一輪車を押していたおじさんに礼を言って外に出た。

　まばゆい夏の日射しが降り注ぐ路地を歩いて行く。ファサードのデザインに凝った民家が数軒建っている。リノベーションが行われている民家もあった。この村で家を買い、移り住む人なのかもしれない。村の人口は約800人、都会からの移住者も多いため、ここ数年は横ばい状態がつづいているという。

　スペイン王カルロス2世によって破壊されたサンソン城（Forteresse de Samson）に行ってみようと思った。しかし、それがどこにあるのかわからない。

　フォルクスワーゲンを運転していたおじさんに尋ねると、100mほど先にある森へとつづく小径

　を教えてくれた。樹木の香りを楽しみながら歩くこと10分、目の前に城が現れた。しかし、石造りの城壁があるだけで、あまり感動がない。

　次に車で坂道を下り、ムーズ川の支流であるサンソン川の畔まで行ってみた。路肩に車を停め崖の上を見上げると、そこには険しい崖とサンソン城（P44下）の城壁が融合した見事なパノラマが広がっていた。思わず感動の声をあげ、写真を撮る。

　サンソン川沿いに延びたN942号線を南下して行くと、山谷の開けた場所にホテル&レストラン、オ・ムーラン（Au Moulin）（上）が建っていた。ドアをノックしたら、突然の訪問であるにもかかわらずデルヴィニュ夫妻（右上）が快く迎え入れてくれた。

　店内は木目調のシックな造りで、あたたかみのある光が灯されている。こんなところで食事ができたら最高だなと考えていると、奥さんのファビエンヌさんが言った。

　「夏はすぐ横の川で捕れるマス、秋はジビエがお勧めです。どの料理も、この地方の伝統の味付けを大切にしながら調理しています」

　オ・ムーランは人気があるレストランで、夏の観光シーズンは、予約なしで入るのは厳しいという。また、週末はよく結婚パーティーが行われるらしい。日本人カップルもここで祝いの席を設けたことがあるということだった。

　ご主人のジャン・ルイさんが、2階の部屋を案内してくれた。1泊60ユーロと破格の値段だ。いつかこの地を再訪し、この宿に何日か滞在し、ベルギーの片田舎に流れる穏やかな時間を楽しんでみようと思った。

URL http://www.aumoulindusamson.be/

45

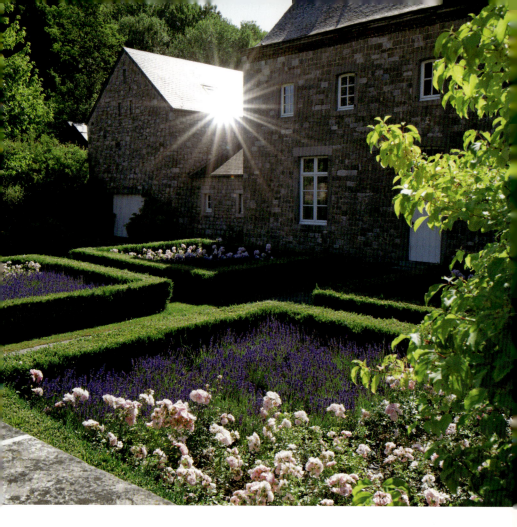

ナミュール州
Province de Namur

モゼ
Mozet

ガロ・ロマン時代の遺跡に囲まれ、
鉄の製造で成り立ってきた村

歴史は古く、クロマニヨン人、ネアンデルタール人が住んでいたともいわれる。15世紀頃には鉄の生産が盛んになり、19世紀には経済的に安定した。

MAP P189-D2

村の中には赤煉瓦造りと石灰石造りの民家が混在して建っていた。レストランや土産物店のようなものはどこにもなく、村全体がひっそりと静まりかえっている。

まず目についたのが、重厚な門構えと大きな納屋を持つロワイエの農家と塔 (Ferme et Tour de Royer)(P51)だった。17世紀に建てられたこの邸宅、かつては二重の堀に取り囲まれていたという。文化的、歴史的価値がある建物として、1979年に歴史遺産の登録を受けている。

邸宅に住むジャン・クロード・フォンティノア氏(P51下中)にお目にかかった。スーツが似合うジェントルマンだ。出勤前であるにもかかわらず、12世紀に建てられた古い納屋、馬やロバがいる中庭を案内してくれた。3階建ての塔の部分は、オーナーからの紹介者のみが宿泊できるゲストハウスになっていた。

別れ際に名刺をもらって驚いた。ジャン・クロード・フォンティノア氏は、ベルギー国鉄の理事長だったからだ。

14世紀に建てられたモゼ城 (Château de Mozet)(P50右下)は、村の中心から少し離れた森の中にあった。何度も改築、修復が繰り返されてきたらしく、城の面影が薄くなっている。セミナー、会議、若者たちのサマーキャンプなどで使われているらしい。

村に戻ると、石灰石で造られたサン・ランベール教会 (Église Saint-Lambert)(上)を見学した。その後、路地を歩いていたら、ある民家の敷地内にフランス式の見事なガーデン (P46)を発見した。屋根に反射するまぶしい太陽光が、ガーデンをより一層魅力的に見せている。この美しい光と色彩に出会えただけでも、この村を訪れてよかったと心の底から思った。

車を運転し、村周辺に広がる牧草地の方に行ってみた。まず訪れたのが、ロマネスク様式の望楼とゴシック様式の聖堂(P50左下)だ。どちらも18世紀に造られたものだが、オリジナルの建物は11〜12世紀に遡るという。かつてはこのよ

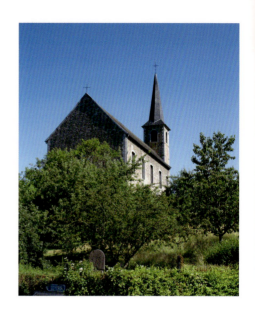

うな小さな教区が点々としていたが、時の流れの中で少しずつモゼ村に集約されていった。

N941号線沿いにあるゴイエ洞窟 (Grottes de Goyet)(P50上、中)に行ってみた。観光名所になっているのだろう、ギフトショップとレストランが併設されている。

この日、考古学者は不在だったが、電気系統の管理を任されているフランソワ・ヴァナケールさん(P50右中)が、洞窟内を案内してくれることになった。

切り立つ崖にぽっかりあいた穴から洞窟内に足を踏み入れる。暗く狭いトンネルの先に、ロウソクの蠟をとかし込んだような奇妙な形をした鍾乳石が次々と姿を現した。この洞窟内で、ネアンデルタール人、クロマニヨン人、そしてマンモス、クマ、ハイエナなどの骨が発掘されており、先史時代を知る上で重要な場所として位置づけられているらしい。

併設するレストランでは、石のナイフで肉やソーセージを切って食べるスタイルに人気があるということだった。

URL http://www.grottesgoyet.be/

ナミュール州
Province de Namur

クリュペ
Crupet

メロヴィング朝時代の墓が発見された古い土地。水資源に恵まれた村

13世紀にリエージュの飛び地となり、その後、貴族や建築家の手に渡った。石造りの住宅が肩を寄せあうように建ち並ぶ。水資源が豊富なことから水車が造られ、19世紀にはさまざまな産業を興した。

MAP P189-D2

　砂岩と石灰石の斜面に位置し、豊富な水資源に恵まれたこの村は、かつては製紙、製塩、鍛冶、ビール醸造などの産業で栄えたという。

　ベルギーでも人気ある観光地らしく、村の中には大きな観光案内所（上中）があった。また、建物の2階には「ベルギーの最も美しい村」協会の本部が入っていたので、たくさんの資料を入手することができた。

　最初に訪れたのは、観光案内所のすぐ横にあるサン・アントワーヌ洞窟（Grottes Saint-Antoine）（P55）だ。

　19世紀はじめ、サン・アントワーヌ牧師は、採石所の労働者たちを日曜日も働かせるために、この洞窟の計画を立てたという。彼らは10年間、休みなしに朝4時から作業をさせられた。そんな伝説を残す悪魔のような聖人にちなんで、ここは「悪魔の洞窟」ともいわれている。

　岩の中はトンネルになっており、サン・アント ワーヌ牧師の生涯が再現されていた。

　目抜き通りに、美しい菩提樹を持つサン・マルタン教会（Église Saint-Martin）（P56）があった。12世紀半ばに建てられ、17世紀に再建されて現在の姿になったという。1936年に歴史遺産に登録されている。

　谷の下の方につづく道を歩いて行くと、ワロン地方の特別文化遺産に登録されているクリュペ砲塔（Donjon de Crupet）（P57）があった。1～2階は石灰石、3階は木と煉瓦で造られた美しい建造物で、湖に抱かれるようにして建っている。かつてここに大きな城があったという。私有地のため近づくことはできなかったが、丘の中腹からじっくりと眺めることができた。

　近くにあったレストラン、ル・ルレ・サン・アントワーヌ（Le Relais St. Antoine）（P58上）でランチを食べる。シェフのジョン・ペクターさん（P58右中）は、かつてナミュールやブリュッセルの有名

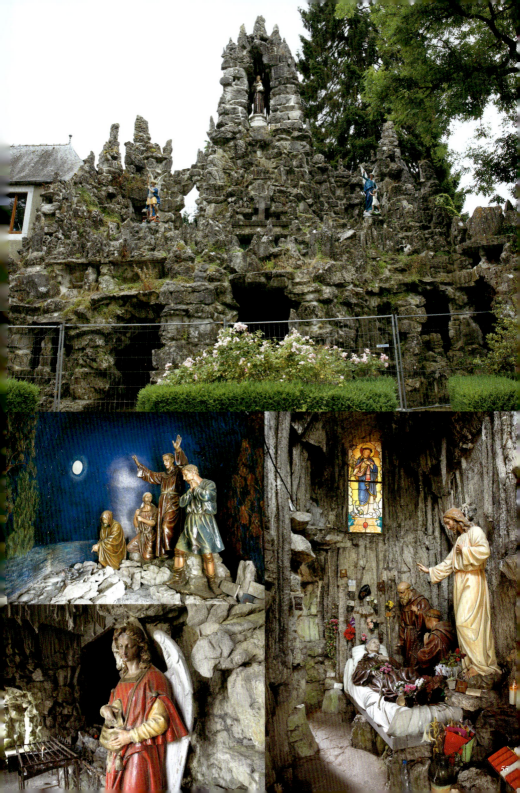

店で働いていたが、自分の店を持ちたいという夢をこの地で叶えた。隣村の地ビール、ゴルワーズ (Gauloise) を飲みながら、じっくり煮込んだトマトソースがかかったミートボールをいただいた。

　観光案内所で手に入れた冊子には、村には13世紀の水車がいくつか残されていると書かれていた。その一つが、500mほど離れたところにあるホテル&レストラン、ル・ムーラン・デ・ラミエ (Le Moulin des Ramiers) (P58中) にあった。この建物、かつては製紙工場だったという。大きな水車は館内のロビーに保管されており、客室へとつづく階段を上ると見えるようになっていた。

　この日の宿は、村から車で10分ほど走ったところにあるシャトー・ド・ラ・ポスト (Château de la Poste) (P59) に予約を入れた。

　牧歌的な田舎道を走り、やがて目の前に現れたホテルを見て、驚いた。まさに巨大な宮殿だったからだ。こだわりがあるのだろう、駐車場は建物から150mも離れた場所にあった。

　チェックイン手続きを済ませた後、ホテル内を見学する。意外にも、ロビー、レストラン、レセプションルーム、客間はモダンな雰囲気だった。目を見張ったのは、42ha (東京ドーム9個分) もある庭園だ。ベルギーの著名な造園家シュル・ブイセン氏が手がけたという。

　オーナーのローラン・マレー氏 (P59中) と握手を交わす。

「宮殿ということで構えるのではなく、家族連れがカジュアルな服装でふらりと来て、リラックスしながらカントリーサイドの雰囲気を楽しんでもらえる空間を目指しているのです」

　マレー氏は簡単な歴史も教えてくれた。

「1884年に建てられたこの建物は、今日まで多くのオーナー、企業が所有してきました。ベルギーの第2代国王であるレオポルド2世の三女、クレマンテイン王女をご存じですか。彼女は、ナポレオン・ボナパルトの子孫のヴィクトール・ナポレオンと結婚しましたが、一時期、その一家が暮らしていたこともあるのです」

　この日の夕食は、館内に水車があるホテル&レストラン、ル・ムーラン・デ・ラミエ (P58下) で取ることにした。

　コース料理を注文する。ピスタチオがちりばめられたエスカルゴのスープ、果汁ソースがかかったシカ肉、バニラクリームで和えた桃。料理の味もさることながら、まるでキャンバスに絵を描いたような繊細な盛りつけに感動した。

URL http://www.relaissaintantoine.be/wordpress/
URL http://www.moulindesramiers.be/
URL http://www.chateaudelaposte.com/welcome/

ナミュール州
Province de Namur

ソソワ
Sosoye

醸造と採石で
成り立ってきた、
静かな山里の村

かつては「柳の土地」と呼ばれていた。サン・ジェラール・ド・ブローニュの大修道院やナミュールの司教が統治していたが、1977年からはアンエコミューンに属している。かつては醸造と採石、現在は観光が主産業となっている。廃線となった線路の上を行くレイルバイクは人気が高く、マレッツ修道院、ディナンまで行くことができる。

MAP P189-D2

　村は四方を山に囲まれていた。高台から村の全景をとらえようと辺りを見渡したら、かつて鉄道が走っていた石橋(下中)が目にとまった。脇に階段があったので上ってみる。この村の住人は自らのことを「山人」と呼ぶ。森の緑に抱かれた村を眺めていたら、案内書に書かれていた一文が蘇ってきた。
　まずはノートルダム・ド・ソソワ教会(Église Notre-Dame de Sosoye)(P63左中)に立ち寄った。正方形の鐘楼に曲線の壁を組み合わせてデザインされた石灰石の美しい聖堂だ。鍵がかかっており堂内に入ることはできなかったが、中扉がガラスだったので、内部の様子を知ることができた。祭壇は1754年に造られたものだという。
　近くに、オレンジ色の屋根を持つグランジュ・オ・ディーム(Grange aux dîmes)(P63上)があった。1646年に建てられたこの巨大な納屋は、当時、税の徴収所として使われていたらしい。かつて、サン・ジェラール・ド・ブローニュ修道院(Saint-Gérard de Brogne)は、農民たちに、収穫物の1/10を納めさせるという税を課していた。耕作地から戻るときに必ず通過するこの村は、税の徴収には最適の場所だったのだ。
　そんな農民たちの唯一の楽しみは、お酒を飲むことだったのかもしれない。通りを挟んだ向かい側に醸造所だった建物(左上)があり、煙突や窯などが残されていた。
　レストラン、レ・モンタニアール(Les Montagnards)(P64)に立ち寄ってみる。黄色い壁にチェック柄のテーブルクロスと、どこかかわいらしさを感じる店内だ。オーナーに尋ねると、お勧めはエスカルゴやマス料理だという。奥には小さなショップがあり、地ビール、キュベ・リィ・クロション(Cuvée Li Crochon)を買うことができた。
　次に、マレードレ村(Marèdret)にある陶芸家アントニオ・ラムペッチョさんの工房(P65下)を

　訪れた。ドアを開けた瞬間、ハッと息を呑む。彼の作品が並ぶ、巨大なギャラリーになっていたからだ。

　堅い握手で出迎えてくれたアントニオさん（P65右下）は、今年83歳、イタリア出身だという。第二次世界大戦中、石工だった父がベルギーで仕事を見つけてこの地に移住、アントニオさんがやって来たのは16歳のときだった。

　「当時、父はよく言っていました。仕事を与えてくれ、家族が幸せに暮らせるようになったベルギーに感謝しなさいと」

　アントニオさんはマレッツ修道院（Abbaye de Maredsous）に入学。そこで陶芸のワークショップに入ったのを機に、この世界にのめり込んでいく。当時、チーズ生産の商業化がはじまり、チーズカバーやマグカップ、水差しなどの需要が急速に高まった。それらを次々と制作し、腕を磨いたという。

　彼の名を世に知らしめたのが、一輪挿しの蒼い花瓶だった。土の温もりとふくよかな曲線が見事に調和し、見つめているだけで心が安らいでくるような作品を、世界中の評論家やコレクターが絶賛したのだ。

　「よく日本の焼き物の影響を受けているのかと質問されますが、決してそんなことはありません。陶芸は、絶えず自らを見つめ直す行為、つまり魂から生み出されるものです。もちろん家族の愛があったからこそ、ここまでつづけてくることができました」

　奥の部屋は、息子さんの作品が展示されたギャラリー（P65左下）になっていた。4年前に亡くなったという。力強い、オリジナリティにあふれる作品に心打たれた。

　その後、アントニオさんが学んだというマレッツ修道院（P65上）を訪れた。ネオゴシック様式のこの巨大な修道院は、宗教画家から寄付された土地に、修道士が共同体を造ったのがはじまりとされる。

　マレッツ修道院は、アビィビールが有名だ。アビィビールとは、修道院からライセンスを得て、一般のビール会社が造るビールのことをいう。

　見事な尖塔アーチを持つ堂内を見学した後、併設のカフェに入り、生のマレッツビールとサンドイッチ（P65中）を注文した。ビールは陶器のマグカップで、サンドイッチは木のまな板にのせられて出てきた。濃厚なチーズを食べながら、美味しいビールで喉を潤す。至福のひとときを味わった。

　売店には、アントニオさんの作品が展示、販売されていた。

URL　http://www.lafermette.be/Bienvenue.html
URL　http://www.lasaisonneraie.be/

> ナミュール州
> Province de Namur

ファラエン
Falaën

さまざまな遺跡が残り、
新石器時代から
人が住んでいたという村

13世紀に、当時の領主ダンピエール家が城を建設したが、16世紀にフランス国王アンリ2世によって、破壊された。16世紀まで水車と製鉄で栄えていたが、その後は農業中心の村となった。

　まず目に飛び込んできたのが、ファラエンの要塞農場（Château-ferme de Falaën）(P69)だった。1662年、ピエール・ド・ポルシェによって建てられた統治と農家の二つの機能を持つ美しい城だ。現在は、ギルド(職業別組合)博物館になっている。

　城へ通じる道の途中に、旧女子学校（Ancienne école des Filles）(P67 中)があった。16世紀から19世紀後半まで、女性の教育はこのような修道院で行われていた。他の宗教から影響を受けないようにするためだ。男女共学の学校ができたのは20世紀に入ってからと言われている。

　村の経済を支えていた旧鋳造所（Ancienne Forge）(P67 右中)に立ち寄ってみた。クローズしていたが、建物正面の路上にある円形の石を間近にすることができた。馬車の木の車輪に鉄を装着するための装置だったという。

　サン・レジェ教会（Église Saint-Léger）(P67 右下)は、村の中心に建っていた。鍵のかかったドアの前にいたら、タイミングよく掃除に訪れたおじさんが中に入れてくれた。バロック様式の祭壇をカメラに収める。

　車で5分ほど走ったところにあるシェルタン・チーズ専用農家（Ferme Fromagère de Chertin）(P70)を訪れた。

　農民のエチエンヌ・フリピアさん(P70 左上)は、1982年にチーズ作りをはじめたという。最初はバターと牛乳も作っていたが、徐々にチーズが中心になっていった。モリニアール、ナチュール、パプリカオニオン、ブレット、ファラエンなど……。ここから生み出されるチーズの味は評判が高く、市場ではすぐに売り切れてしまうらしい。

　「今では生産が追いつかないくらいだよ。農場には100頭の牛がいるが、たまにミルクが足りないときがある。そんなときは近くの農場から分けてもらっているよ」

　ランチは、レストラン、ラ・フェルメット（La Fermette）(P71 上、中)で食べることにした。村らしさが滲み出た「小さな農家」という店名に強く

惹かれる。

　シェフのミカエル・ヴァン・クレネストさん（P71上中）が特別に料理の説明をしてくれる。ワインは、近年評価が高まっているモシア村（Mossia）にあるワイナリーから取り寄せた白。オードブルは、ジビエのパテ、ベルギーチコリのスープ、フォアグラクレープ、ハーブとわさびで味付けされたサーモンの大根巻き。メインは、マスタードソースがかかったサンドル（スズキ科の淡水魚）。

　目で見て味わう本格的な味。まるで日本の会席料理を食べているような感覚だ。フランス、ドイツ以上に、ベルギーの食文化は奥が深い。美食の国ベルギーを絵に描いたようなレストランだった。

　この日は、村から車で10分ほどのところにある古城ホテル、ラ・セゾヌレー（La Saisonneraie）（P66左、P71下、P72-73）に宿泊した。1910年に建てられたこの建物、ロイヤルファミリーの別荘だった時代もあるという。木のぬくもりを感じる2階の客間は、アンティークの家具が置かれ、広いバスルームがあった。旅人が寛げる空間だ。

　樹木に囲まれた芝生の庭には小川が流れていた。あまりにも素敵な環境だったので、夕景から庭に出て建物の写真を撮りはじめる。夜景を撮っているとき、小川の周りにたくさんの蛍が舞っていた。

URL http://www.lafermette.be/Bienvenue.html
URL http://www.lasaisonneraie.be/

> ナミュール州
> Province de Namur

スールム
Soulme

11世紀に修道士が
この地に移住、
教会を建てたのが
起源となった村

✦

19世紀になり、大理石の採石で教会、水車を再建し、人口も増加した。20世紀の経済不況のあおりを受け、一時さびれたが、近年は静かな暮らしを求め、都会からの移住者も増えている。

MAP P189-D2

　牛がのんびりと草を食む牧草地を行くと、石造りの民家が建ち並ぶ素朴な村が現れた。家の周りにはフラワーコンテナが置かれ、色鮮やかな夏の花が咲きみだれている。

　気温は35度。危険なので外を歩いている村人はいない。暑さに耐えながら村歩きをしていたら、農産物直売所 (Produits de la Ferme)（P97下）、の前でおじさんに声をかけられた。彼に誘われるように中に入ってみると、そこには年代物の料理器具やミルク缶が所狭しと置かれていた。

　フランシス・アンリーさん（P77右下）は250頭もの牛を飼う酪農家だった。趣味でチーズ、ジュース、蜂蜜を作り、時々ここで販売しているらしい。
「美味しいと喜んでくれる人がいるから何年もつづけているのさ」と笑いながら言うフランシスさん。チーズのスライスをいくつかくれた。
「それにしても旅人と出会うのは随分と久しぶりだな。まして日本人は初めてさ」

　かつてこの村は、スペインのサンティアゴ・デ・コンポステーラへ向かう巡礼路の経由地で、巡礼者たちで賑わっていたという。しかし、数年前の嵐で巡礼路が崩壊し、村を通らないルートに変更されてしまった。以降、訪れる人は激減したらしい。

　店を出た後、近くにあった修道士の農家 (Ferme des Moines)（P77上）を見学する。何故この名前が付けられたかは、記録が残されていないので、村人たちは誰も知らないという。

　マロニエの木が植わる路地を歩いて行くと、サント・コロンブ教会 (Église Sainte-Colombe)（P79）の前に出た。ローマ時代に造られた四角い塔を持つ聖堂で、1947年に歴史遺産に登録されている。

　近くに住むおじさんが、扉の鍵を開けてくれた。
　薄暗い堂内に目が慣れ、ゴシック様式の美しい祭壇が目に飛び込んできたとき、思わず息を呑む。村人や巡礼者たちの祈りが、この聖なる場所にとけ込んでいるような気がした。祭壇と側廊には何体もの聖人像が置かれている。扉の横には、13世紀に造られた洗礼盤があった。

　この村には、3つの水車小屋が残されているという。その一つが、車で5分ほど走った森の中にあった。

　水車小屋の前に石造りの水路（P79右上）があり、今でも心地よい音を響かせながら水が流れていた。建物は貸別荘だった。大都市で暮らす人たちは、週末になるとこのような田舎の別荘を借り、自然に抱かれた暮らしを楽しんでいるのだ。

ナミュール州
Province de Namur

ファニョル
Fagnolle

16世紀に廃墟となるも、
19世紀の
鉄鉱脈発見で
再生した村

この地には9世紀から人が住んでいた。時代ごとに、力のある統治者が支配していたが、16世紀に廃墟となった。18世紀、煙草の生産で息を吹き返し、19世紀、鉄の鉱脈が見つかり、村は繁栄した。村の古い建物、道の多くがベルギーの遺産として登録されている。

MAP P188-C3

　丘の斜面に石造りの民家が点在していた。どの路地も坂道になっている。トラクターが、路肩に大きく傾いて停まっているのが印象的だった。

　庭の手入れをしていたおじさん(P83左上)に声をかけられた。石造りの自宅(P83右上)は築200年だという。

　「歴史ある建物を維持していくのはとても大変なことさ。特に冬の暖房費が馬鹿にならない。灯油代のために働いているようなもんだよ」

　村の中央に、16世紀に建てられたサン・マルタン・エ・サン・ジャック・ド・コンポステール教会(Église Saint-Martin et Saint-Jacques de Compostelle)(左上)があった。ファサードは1827年に修復されたが、ゴシック様式の扉や窓は、そのまま移築されたという。

　その後、村内を巡り、19世紀に建てられた瀟洒な民家(中)や、16世紀、巡礼者のために使われていた病院(上中)をカメラに収める。

　ファニョル城(Château de Fagnolle)を探したが、なかなか見つけることができなかった。地元の人に尋ねると、城は村から少し離れた丘の下の方にあるという。村より低い場所にあるというのは意外だった。

　早速行ってみると、そこにあったのは廃墟同然の城(P83左下)だった。12世紀に建てられ、14世紀に拡張され、中世には要塞として機能していたというが、16世紀に廃墟となり、19世紀には泥で埋もれてしまったという。掘り起こしが進んでいるというが、危険防止のためか、門から中へは入ることができなかった。

　車でニム村(Nismes)へ移動する。ここに地元産の木材を使って作品を造るアーティストがいるというので訪ねてみることにした。

　アンドレ・フェヴリさん(P84左中)は、地元企業で働くエンジニアだったが、自宅の庭に建てた工房(P84)で、在職中からコツコツと木工作品を生み出していた。2011年、退職を機に本格的に作品制作をはじめた。今ではナミュール州の職人組合に登録し、本格的なアーティスト活動を行っているという。

「クルミ、プラム、リンゴ、ツゲ、カシ……。どの木にも表情があります。木の個性を深く知ることで、優れた作品が誕生していくのです」

工房に併設する小さなギャラリーには、たくさんの作品が展示、販売されていた。皿も壺も置物も、木であることが信じられないくらいふくよかな曲線美を持ち、艶やかに輝いている。実用的なランプ作品もいくつかあった。凝視しても、一体どこに配線が埋め込まれているのかわからない。作品には、エンジニアとしてのこだわりも生かされていた。

マリエンブルグ／クバン（Mariembourg／Couvin）の近郊にあるブラッスリー・デ・ファーニュ（Brasserie des Fagnes）（P85）でランチを食べることにした。

まずは、レストランに併設するビール工場を見学する。1つ1000lが入るというピカピカのビールタンクがいくつも並んでいた。

口髭が似合う工場長ルック・ポロンさん（P85右上）が説明してくれる。

「ここで発酵、熟成、ろ過されたビールが、天井の管を通ってレストランの試飲室の貯蔵タンクに送られていきます。だからここに来た人たちは、出来たての美味しいビールを飲むことができるのです」

工場のブランドビールであるラ・シュペール・デ・ファーニュ（La Super des Fagnes）をはじめ、ブドウ、サクランボ、リンゴなど、季節の果物を使ったフルーツビールも含めると、年間50種類以上のビールを生み出しているという。タンポポビールや、アルコール度数を1.5％に抑えたお酒に弱い人用、子供用のビールなどもあった。

レストランの席に着き、ビールをオーダーすると、4種類のビール（P85左下）がトレイにのせられて出てきた。これが1人分だという。

この地方の名物、パイ生地で作られるクルート（P85右中）を食べながらビールを飲む。4種類のどれも口当たりが柔らかく、酸味と苦みが見事に調和している。ナンバーワンのビールを決めることができなかった。

URL http://www.fagnes.com/

ナミュール州
Province de Namur

セル
Celles

聖人の徳を慕って集まった
修道士が造った村

村の起源は2世紀頃といわれている。7世紀に聖アドランがこの地の森の洞窟（セル）に住んだことから、彼を慕って修道士たちが集まり、修道院が造られた。修道士たちが村から追いやられた時期もあったが、18世紀後半には、また信仰の篤い村へと戻った。

MAP P189-D2

「ベルギーの最も美しい村」の中で一番人気があるのがこの村だ。谷を下り村に入ると、旅人の期待を裏切らない美しい人里の風景が広がっていた。

まず訪れたのが、ピラミッド形と八角形の尖塔を持つサン・アドラン教会 (Collégiale Saint Hadelin) (P87、P89 上) だ。11世紀のロマネスク様式で、ローマ時代の姿を今に伝える貴重な建築物だといわれている。何度も修復が行われてきたが、地下には、当時の祈りの場 (P89 左中) がそのままの形で残されていた。

隣接する丘には、十字架の小径 (Chemin de croix) (P89 右下) と呼ばれる坂道があり、14体のネオゴシック様式の石塔が置かれていた。

丘の上には、14世紀に建てられたサン・アドラン・エルミタージュ (Ermitage Saint Hadelin) (P89 左下) があった。建物の周りに煉瓦造りの美しい回廊がある。中庭には修道院の創設者、聖アドラン (Saint Hadelin) の像 (P89 中) が置かれていた。この聖堂、今は小学校として使われているという。

高台から眺める村の全景 (P87) は素晴らしかった。石造りの建物が、あふれんばかりの木々の緑に抱かれている。

集落に戻り、村歩きをはじめる。コロンバージュ様式の民家の前に置かれたフラワーボックスにカメラを向けていたら、バーの前でビールを飲みながらお喋りをしている村人たちが、「こんにちは」「どこから来たんだい」と声をかけてくれた。

目抜き通りに数軒のお店が連なっていた。まず訪れたのがオーナーの名前がつけられたフェリエ・コルネ (Ferier-cornet) (P90) という肉屋さん。精肉、ソーセージ、チーズとかなりの品揃えだ。特にパテの種類が豊富で、豚肉にウズラやキジ肉を混ぜたパテがよく売れていた。ご主人のフェリエ・コルネさん (P90 左中) にお勧めを尋ねてみたら、ミートパイ (5ユーロ) とチーズ (8ユーロ) だと教えてくれた。

近くにはゲルラッシュ (Gerlache) (P91) というパン＆チョコレート＆ケーキ屋さんがあった。外光に照らされた明るい店内は華やいだ雰囲気がある。ガラスケースの中に、かわいらしいチョコレートが並んでいた。パンは次々と売れていく。タイミングよく、焼きたてのパンがワゴンにのせられ運ばれてきた。店内は香ばしい香りにつつまれる。

夕食まで時間があったので、車で村の郊外を巡ってみることにした。

まず立ち寄ったのが、N94号線とN910号線が交わる路肩に置かれた戦車 (P89 右中下) だ。1944年12月24日の戦いで、ドイツ軍が使っていたものだという。ベルギーの村巡りをしていると、よく戦車を目にする。戦いの歴史は、村の人々

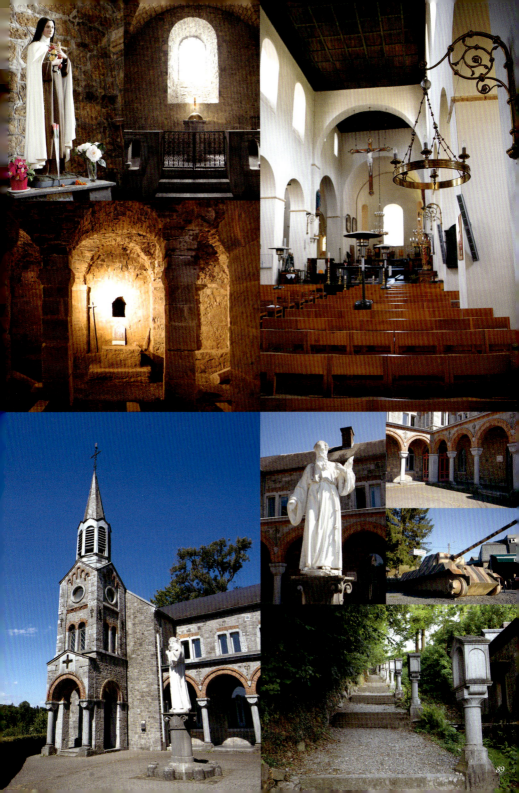

の心の奥深いところに刻み込まれているのだろう。

　N910号線を3分ほど走ると、5本の優雅な円塔を持つヴェーヴ城（Château de Vêves）(P88)が目に飛び込んできた。かつては要塞で、1200年に破壊されてから放置されていたが、1410年以降、ボーフォール・ド・セル家によって現在の城の姿になったという。外観は15世紀の城館建築の趣を保つが、内部は17〜18世紀のルイ15〜16世当時の様式。今の城主、リードケルク・ボーフォール伯の細やかな配慮による修繕が施され、美しさを今に伝えている。

　村の中には、ホテルとレストランがいくつかあり、ピークシーズンの7月であるにもかかわらず、この日の宿は難なく取ることができた。

　教会の近くにあったホテル&レストラン、ル・サン・アドラン（Le Saint Hadelin）(P92)にチェックインする。

　レストランは、目抜き通りに面した場所にあった。まずは奥のバーで、ラベルがかわいい地ビール、キュヴェ・サン・アドラン（Cuvée St Hadelin）を飲む。アルコール度数5.5%と6.3%、どちらもフルーティーな香りで、心地よい酸味と甘みがあった。

　テーブル席に着き、メニューを見たら、観光地らしく英語でも書かれていた。肉にするか魚にするか迷ったが、肉料理を選ぶ。クランベリーソースがたっぷりかかった鴨肉、ほおずきののった焼きプリンはとても美味しかった。

　夜、街灯に照らされた石畳の路地を歩いて宿に戻った。小さな村を飲み込む静けさが心にしみる。

URL http://www.patisserie-gerlache.be
URL http://www.lesainthadelin.be

ナミュール州

Province de Namur

ヴィエルヴ・シュール・ヴィロワン
Vierves-sur-Viroin

アメル伯爵家城を中心に、長く歴史を紡いできた村

中世に建てられた城の歴史がそのまま村の歴史と重なる。要塞としてのみならず、裁判所、劇場など、村の中枢として機能してきた。17〜18世紀の魔女裁判もここで行われ、現在はこの村の有名なカーニバルとして名残をとどめている。

MAP P189-D3

　村へつづく一本道を走って行くと、目の前にアメル伯爵家城（Château des Comtes de Hamal）（P95上）が現れた。その堂々たる佇まいに驚き、思わず路肩に車を停めて風景に見入ってしまう。700年以上も村の歴史を見つづけてきたこの城は、17世紀までは要塞として機能していたという。1775年、火災による大きな被害を受けたが、すぐに再建された。

　村に入り、城と教会に隣接する小さな広場に車を停めた。残念ながら城はプライベート、見学はできなかった。

　18世紀に建てられたサン・ルファン・エ・ヴァレール教会（Église Saint Rufin et Valère）（P97中下）も、城に負けないくらい素晴らしい建物だった。船を逆さにしたような天井を持ち、内部には一般の人は見ることができない「宝の箱」が大切に保存されているという。

　石造りの家が連なる素朴な路地を歩いていたら、裏山へつづく小径を見つけた。

　息を切らせながら登って行くと、10分ほどで見晴らしのいい場所に出た。眼下に村の全景（P97上）が広がる。城と教会、民家が美しい緑に抱かれている。まるで箱庭のような美しさに心打たれた。

　再び村に戻ると、次は急な坂道を下って行った。民家が途切れたところに川があり、大きな橋が架かっていた。川と平行するように鉄道の線路があり、すぐ近くに素朴な無人駅（右上）があった。その佇まいに惹かれたので、一枚写真を撮る。

　今来た坂道を登って村に戻るのは大変そうだな……と考えていたら、何と今晩宿泊予定のホテル＆レストラン、ル・プティ・メニル（Le Petit Mesnil）（右下、P97右中）は駅のすぐ近くにあった。

　バーのカウンターでチェックイン手続きをする。ホテルのオーナーに「ビールでも飲むかい？」と言われたので、ベルギーの人気ナンバーワン生ビール、ジュピレール（Jupiler）（P97下中）をいただく。

　ギシギシと音をたてる古めかしい階段で2階に上がる。部屋はリノベーションされており、意外にもシティホテルのようにモダンな雰囲気だった。

　夕食はホテルのレストランで、近くの川で捕れ

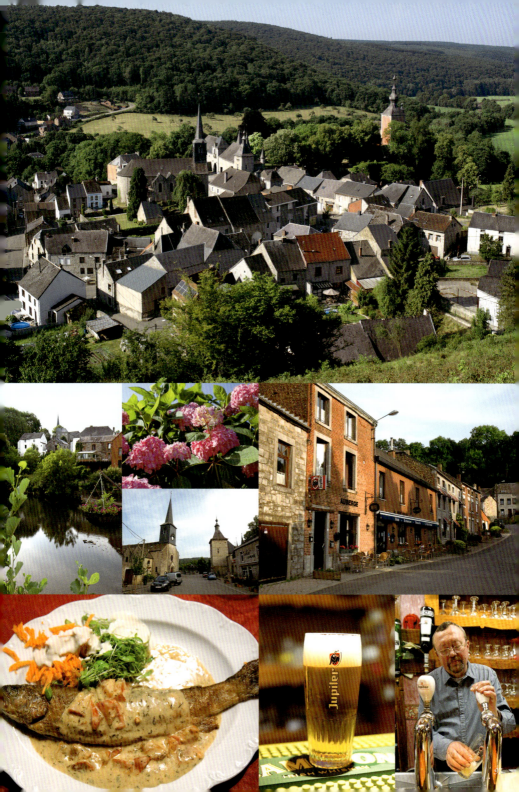

たというトラウト（ニジマス）を食べた (P97左下)。オーナーが自ら料理を運んできたので、厨房で料理を作っているのは奥さんなのかもしれない。

翌日、村歩きを終えた後、車で10分ほど走ったトレニュ村 (Treignes) にあるトロワ渓谷の機関車鉄道博物館 (Chemin de Fer à Vapeur des 3 Vallées) (P98-99) に行ってみた。

19世紀、ベルギーには充実した鉄道網があったが、車の普及とともに、次々と路線は廃止されていった。しかし、地元の自治体や鉄道愛好家たちの努力によって、観光用として残された路線もいくつかある。その一つがマリエンブルグ (Mariembourg) とトレニュ (Treignes) を結ぶ路線。毎年、春から夏にかけて蒸気機関車やディーゼルカーを走らせているのだ。

その終点駅にあるのがこの鉄道博物館。1994年のオープン以来、鉄道ファンがひっきりなしに訪れる人気のスポットと聞いていたので、行く前から胸が高鳴っていた。

館内に足を踏み入れた途端、驚いた。まるで街中の駅のように、たくさんの機関車や電車が並んでいたからだ。

スタッフのパスカル・ブウィさん (P99上中) が説明してくれる。

「ここには25を越える貴重な蒸気、電気、ディーゼル機関車、客車、気動車が保存されています。最も古いもので1894年製、新しいものでは1970年製です。時々他の町から持ってきた客車と入れ替えたりもしているのです」

また、信号機や車掌の制服など、鉄道に関するありとあらゆるものが展示されており、鉄道ファンなら一日いても飽きることがない場所になっていた。

それにしても、保存状態がいい。中には新品同様の客車もある。そのことをパスカルさんに質問すると、

「博物館の隣に、メンテナンスを行う大きな修理工場があるのです。ここで、すべての機関車や電車、客車の修理、修復が可能です。技術者を養成するトレーニングセンターにもなっているんですよ」

そういえばヴィエルヴ・シュール・ヴィロワン村にも駅があった。かつて、鉄道によって結ばれていた村と村もあったのだろう。そう考えると、「ベルギーの最も美しい村」の旅が、ますます魅力的に思えてきた。

URL http://www.lepetitmesnil.be/
URL http://www.cfv3v.com/

ナミュール州
Province de Namur

グロ・ファイ
Gros-Fays

中世に
森を開拓してできた、
「大きなブナ」という名前の村

土地がやせており、住民は厳しい環境下で暮らしていた。18世紀後半から19世紀初めに建てられた家に今でも人々は暮らしている。林業と農牧業が主な産業。3kmほど先にある可愛らしい小さな集落コルニモン村は、この村と同じ教区に属している。

MAP P189-D3

この村の近くにあるコルニモン村（Cornimont）(P102) も、同じ教区に属し、「ベルギーの最も美しい村」に認定されているという。先に足を運んでみた。

1783年に建てられたサン・モノン教会（La Chapelle Saint-Monon）(中上) の周りに石造りの民家が建ち並ぶ、まるで箱庭のような小さな集落だった。

一軒の小さなショップ(中下)があったので中に入ってみると、店内にはたくさんの魔女人形が飾られていた。魔女が持つ箒には本物の木の枝が使われている。ショップ横の工房から出てきたおじさんに「作家さんですか？」と尋ねると、「これはすべて妻のクラレンヌ・イベットの作品さ。わしは絵の方だな」と、壁に飾られている風景画を指差した。

この村では、中世に魔女狩りが行われたのだろうか。ご主人のフレディ・ドォビィさんに尋ねてみると、「まったく関係ないよ。妻は単に魔女が好きなだけさ」と笑った。

クラレンヌさんは今、町へ買い物に出かけているという。人形の制作秘話を聞いたり、工房での写真を撮らせてもらうのは、次回訪れたときの楽しみにとっておこうと思った。

グロ・ファイ村に移動する。まず目に入ったのが、1586年に建てられた教会と牧師館（Église et Presbytère）(P104右上) だった。残念ながら鍵がかかっており堂内に入ることはできない。

教会前の道は見晴らしがよく、広大な牧草地を眺めることができた。

17世紀後半に建てられ、18世紀初頭にはこの地方で最大の農場だったという要塞農家（Château-Ferme）(P103上) はすぐに見つかった。寄せ棟屋根を持つ立派な建物だ。1860年、ブルギニョン家が購入し、今も繋がりのある人たちが暮らしているという。道を挟んだ向かい側にある大きな倉庫は、かつて醸造所の樽置き場として使われていたらしい。

さらに歩いて行くと、円形の水場(P104下)があった。勢いよく地下水が湧き出ている。農機具を洗ったり、畑で収穫した野菜の土を落とすときに使っているのだろう。

　一軒のバー (P101中) があった。小さな村のバーに興味を覚えたが、残念ながら営業していなかった。
　どこかランチを食べられるようなところはないだろうか。たまたま通りかかった村人に尋ねてみたら、ここから車で10分ほど走ったスモワ川沿いにいくつかお店があると教えられた。早速行ってみる。
　アル村 (Alle) でホテル&レストラン、ル・シャルム・ド・ラ・スモワ (Le Charme de La Semois) (P105) を見つけた。人気店らしく、店内は地元の人や観光客で賑わっている。
　ウエイトレスに、22ユーロのランチコースを注文し、トラピストビールの最高峰といわれるオルヴァルを飲みながら待っていると、オードブルが運ばれてきた。フォアグラやトリュフを惜しみなく使った彩り豊かな料理だ。メインのチキンのクリームリゾットも、とても美味しく、お昼から幸せな気分を味わった。
　オーナーのエヴラルド夫妻 (P105左中) とお会いする。二人は1998年にこの地で売りに出ていた小さな宿を購入し、時間をかけて全面改装してホテル&レストランをはじめた。部屋は23室とスイートルームがあり、週末は家族連れで賑わうという。ブリュッセルやシャルルロワで暮らす都会人は、このような田舎の宿に滞在し、料理や自然を満喫しているのだ。
　次にこの地を訪れるときは、宿泊してみようと思った。

URL http://www.charmedelasemois.com/fr/

> ナミュール州
> Province de Namur

ラフォレ
Laforêt

10世紀頃から人が住む、森に囲まれた豊かな村

フランス革命前はロウウェンスタイン家の統治下にあり、その後、サンブル・エ・ムーズ（フランスの農民部隊）に合併された。スレート採掘、タバコの栽培、観光産業で、経済的に恵まれた村になった。目抜き通りや裏通りには、統一感のある石造りの民家が建ち並んでいる。

MAP　P189-D3

　スモワ川 (Semois)(P106右下) に架かる橋を渡ってしばらく車を走らせると、村に入った。民家が途切れる森の手前まで行ってみる。そこに小さな水場があり、フックの右手を持つ伝説の生き物ペペ・クロシェ (Pepe Crochet) の像 (P106左) がポツンと座っていた。
　この薄気味悪いカエルは、ワロン地方に伝わる「水辺で遊ぶ子供を、カエルが湖に引きずり込んでしまう」という昔話に由来するという。川や湖の多い地方では、子供たちを水難事故から守るため、大人は子供によくこの話を聞かせているらしい。
　村を歩きはじめてまず目についたのが、民家や納屋の脇にある木組み (P107左上) だった。19世紀、この地方ではタバコの栽培が盛んに行われていた。木組みは、収穫した葉を乾燥させるために使っていたものだ。現在でも、数軒の農家がタバコの栽培をしているらしい。
　村の中心に、1779年に建てられたサント・アガット教会 (Église Sainte-Agathe)(P109左上、中) があった。扉を開けて中に入ると、色鮮やかな天井画に目がとまった。芸術家ジャン・マリー・ロンドの作品だという。現代アートのようなデザインが、素朴な教会の建物と見事に調和していた。

　目抜き通りには、数軒の土産物店とレストランがあった。ブラッスリー・ル・セルポレ (Brasserie Le Serpolet)(P109下) に立ち寄ってみる。カントリー調の店内には、食料品、ギフト、おもちゃ、ワイン、ジャムなどが並べられていた。オーナーのジャン・スメケンスさん (P109左下) が、遠く離れた日本からの旅人を歓迎し、お茶をご馳走してくれる。「2軒先にある家へ立ち寄ってみるといい。きっとびっくりするから」とジャンさん。
　早速足を運んでみると、そこには窓辺に人形を飾る民家 (P110) があった。おもちゃ屋だろうか。
　ドアを開けた直後、驚いた。部屋は小さなミュージアムになっており、たくさんの操り人形が展示されていたからだ。奥には、人形劇ができる本格的な劇場もあった。
　フランソワーズ・ルヌプレさん (P110左下) は、17歳のときに初めて操り人形を作ったという。すぐにその魅力に取り憑かれ、以降35年間、この地で操り人形の製作をしてきた。世界の人々、魔女、悪魔、ゴブリン、動物など、作品のテーマは幅広い。「多くの人を笑顔にしてくれる操り人形は、私の生きがいです」
　劇場で行う人形劇は大人気だったというが、数

　年前足を痛めてからは行っていないという。今はワークショップを開き、地元の人に操り人形の作り方を教えているらしい。

　話を聞いている間も、次々とお気に入りの人形を持ってきて、目の前で踊らせる。やがて木工作家のご主人(P110右下)も加わり、2体の人形が踊り出す。まるで生きているかのような自然な動きに感動し、何度も拍手を送った。

　外に出ると、辺りはすっかり暗くなっていた。青く染まった世界の中で、教会や民家の黄色い窓明かりが輝いている。

　村には数軒のB&Bと1軒のホテルがあったが、どこも満室で、部屋を取ることはできなかった。人気のある村なので、予約なしでは難しいらしい。

　橋の手前にあるヴレス・シュール・スモワ村 (Vresse-sur-Semois)のB&B、デル・カンポ(Del Campo)(左下、下中)で空き部屋を見つけた。1泊70ユーロ、モダンで清潔な部屋だ。

　オーナー夫妻が出迎えてくれる。ご主人のフランチェスコ・デル・カンポさんはイタリアからこの地に移住したイタリア人。話をしていたら、ふと、5年かけて回った「イタリアの最も美しい村」の旅で何度も宿泊した家庭的な宿のことが脳裏に蘇ってきた。

　夕食は、ブラッスリー・ル・セルポレのカフェでとることにした。ジャンさんが、簡単なものなら出せると言っていたのを思い出したからだ。

　ほどなくして出てきたプレート(右下)には、地元産の生ハム、サラミ、チーズ、野菜が山ほどのっていた。ビールを飲み、一つ一つつまみながら、暖炉の前で繰り広げられる地元の人たちのお喋りに耳を傾ける。異国を旅する楽しみは、こんなところにも潜んでいるような気がした。

URL http://www.serpoletlaforet.be/
URL http://atelierdepinocchio.be/
URL http://www.bbdelcampo.be/

ナミュール州
Province de Namur

シャルドヌー
Chardeneux

12世紀に建てられた教会を
中心に村人が静かに暮らす、
牧歌的な村

古代の火打ち石が発見されたことから、この村は新石器時代から栄えていたのではないかといわれている。ガロ・ローマ時代からナポレオン時代にいたるまで、交通の要衝を担ってきた。12世紀以降リエージュの支配下に入って静かな農村となり、18〜19世紀には石灰石採掘も盛んになって徐々に繁栄していった。

　ゆるやかな起伏がある丘を行くと、点々と石造りの民家が現れ、いつしか村の中に入っていた。村人たちが寄り添うように暮らす牧歌的な村だ。どうやら教会の傾斜した広場が、村の中心になっているらしい。車を停めた。

　まずはシャペル・ド・ラ・ナティヴィテ・ド・ラ・サント・ヴィエルジュ教会（Chapelle de la Nativité de la Sainte Vierge）(P112左) に立ち寄ってみた。12世紀に建てられ、改築を繰り返してきた歴史ある聖堂だ。祭壇は東に位置し、正面の窓から朝日が堂内に射し込むように設計されているという。残念ながら扉には鍵がかかっていた。地元の人に聞くと、老朽化が進み危険なことから、礼拝のときしか鍵を開けないのだという。

　心地よい草原の風を感じながら村歩きをはじめる。旧裁判所（Ancienne cour de Justice）(P115) はすぐに見つかった。今は個人宅になっており、玄関ポーチの階段の手摺りにはたくさんのペチュニアの花が飾られていた。花の水やりで外に出てきたおばさんと軽く挨拶を交わす。花を愛でる姿に、田舎暮らしの人々の心の豊かさを垣間見た。

　民家と民家の間に、小さな礼拝堂（右上、右中）があった。個人で建てたものだろう。中を覗くと、白い祭壇に聖人像が置かれていた。

　羊の視線を感じながら坂道を下って行くと、連結住宅地（Séquence d'habitations mitoyennes）(右下) と呼ばれる場所に出た。石造りの民家が肩を寄せ合うように建ち並ぶ姿を見て、ふと、イギリス、コッツウォルズのバイブリー村を思い出す。

　リ・ヴェロディ・バー（Li Bèrôdi - Comptoir de pays）(左) と看板がかかった建物があった。ここで村人たちが飲み食いしたり、地元の食材や特産品を買うことができるらしい。営業しているのは週末だけなのか、店内はガランとしていた。建物の壁に沿って成長する洋ナシの木の形がユニークで、思わず笑みがこぼれる。

　丘の谷間に小川があり、そこに洗濯橋（Pont Lavoir）(P116下) と名がつけられた石橋が架かっていた。かつてこの付近は洗濯場だったという。石鹸と灰を使い、木製のパドルで打ちながら洗

い、絞った洗濯物を手押し車で乾燥場へ運ぶ一連の作業を、村の女性たちは効率よく行っていたのだろう。橋の上から覗いてみると、洗濯板のように凸凹した平たい岩が確認できた。

　さらに小径を行くと、集落から孤立するようにホテル&レストラン、オーベルジュ・デュ・ポン・ラヴォアール（Auberge du Pont Lavoir）（右上、中）があった。次にこの村を訪れるとき、ここに宿泊し、牧歌的な風景を眺めながら食事をしてみようと考えた。

　せっかくここまで来たのだからと、車で20分ほど走ったところにあるデュルビュイ（Durbuy）（P117）へ行ってみることにした。

　緑深いウルト渓谷にある人口500人足らずのこの街は、「世界一小さな街」として知られている。高級レストランやホテルが多く、本格的なアルデンヌ料理を楽しむことができる美食の街としても名高い。

　17〜18世紀に建てられた建物が連なる石畳の狭い路地を歩いていたら、中世にタイムスリップしていくような錯覚にとらわれた。

　デュルビュイ城近くにあるホテル&レストラン、ル・サングリエ・デ・アルデンヌ（Le Sanglier des Ardennes）（P117右中）に入ってみた。ブラッスリー・フレッド（Brasserie Fred）で、かわいらしいラベルが貼られた地ビール、デュルボワーズ（Durboyse）（P117左下）を飲みながら、アーモンドのバターソースがかかったマスのムニエルに舌鼓を打った。

URL http://www.sanglier-des-ardennes.be/

リュクサンブール州
Province du Luxembourg

ウェリス
Wéris

先史時代の遺跡が
たくさん出土する地方で、
サント・ワルブルジュ教会を
中心にした村

紀元前3000年以前から人が住んでいたという。11世紀にはサント・ワルブルジュ教会が建てられた。15〜18世紀、火事やペストの流行などさまざまな困難に見舞われるが、その後、採石産業で息を吹き返した。

MAP P189-E2

　11世紀に建てられたサント・ワルブルジュ教会（Église Sainte Walburge）(P118)から、日当たりのいい路地が枝分かれするように延びていた。石造りの民家に混じって、木組みの納屋がポツンポツンと建っている。

　教会の近くに観光案内所があり、地ビール、ドルメニウス・ウェリス（Dolmenius Wéris）(左上)を注文して飲むことができた。巨石博物館（Musée des Mégalithes）(右、中)が併設されていたので中に入ってみる。

　この地方では、先史時代（文字による史料が残されなかった時代）の遺跡が数多く出土するという。土器や鏃（やじり）、織機などが展示され、イラストやジオラマで当時の暮らしの様子をわかりやすく伝えていた。

　車で3分ほどのところに、ドルメン（Dolmen）(P121右下)と呼ばれる先史時代の巨大な墓石があった。森の小径を15分ほど歩き、石切り場にも行ってみた。ここは悪魔が住む場所といわれ、ピエール・エナ（Pierre Haina）(P121上)と呼ばれる奇妙な形をした岩があった。社会科見学で訪れた小学生たちが先生の説明に耳を傾けている。皆、突然現れた日本人に驚いていた。

　村に戻る途中、まるで童話の世界に出てくるような石と木でできたユニークな建物(P122-123)を見つけた。早速見学させてもらう。

　運よく、オーナーのドミニク・ノエルさん(P122右上)が在宅していた。彼はベルギーを代表する鬼才の建築家だった。この家と同じスタイルで、ホテルやレストランを生み出しているらしい。

　家の中も素晴らしかった。天然木をカットしたり組み合わせたりしながら壁や天井、家具やドアが造られており、どの部屋にも独自の機能と個性を持たせていた。階段や渡り廊下は、まるでアスレチック遊具のようだ。

　ドミニクさんは言う。

「大人の中に潜んでいる子供心を目覚めさせ、魔法の世界へと誘ってくれる。そんなコンセプトでこの家を造ってみたんだ」

その後、チーズ専門店、パケ農場 (Ferme Paquet)(P125上、中) に行ってみた。小さなお店に入ると、オーナーのパケさん(P125右上)が笑顔で出迎えてくれる。

パケさんのご主人は、デュルビュイの副市長だという。祖父母の農場は息子さんが引き継いだ。以前から、自分でも何かをやってみたいと夢見ていたパケさん、一からチーズ作りを学び、2009年に農場の脇に小さなお店をオープンさせた。すると、味のよさが口コミで広がり、瞬く間に人気店になったという。

「今はレストランにも卸しているので、とても忙しいのよ。朝から晩までチーズのことを考えているわ」

熟成庫には、ハードタイプ8種、白カビタイプ4種、青カビタイプ1種が整然と並べられていた。ベルギーを代表するチーズ、エルヴを試食させていただいたが、薫り高く濃厚で、一瞬でパケさんのチーズのファンになってしまった。

この日は、B&B、レ・ブイソン(Les Buissons)(P124)に泊まることにした。案内には、1900年にできた煉瓦造りの建物で、巡礼宿や小学校として使われたこともあると書かれている。

ラベンダーの花が咲くガーデンの小径を通って玄関の前まで行き、オーナーのグリモンポン夫妻とお会いする。窓から明るい日射しが降り注ぐカントリー調の部屋は、旅人の疲れを一瞬で癒やしてくれる不思議な力を持っていた。

　村内にあるブラッスリーで食事をとろうとしたら、ご主人のリュックさん (左下) も一緒に行くという。「キミはフランス語が喋れないのだから、オレがメニューを全部英語に訳してあげるよ」
　ブラッスリーに入りテーブルに着くと、約束通りリュックさんがメニューの説明をはじめた。すべてを訳し終えると「じゃあディナーを楽しんでくれ」と言って去って行った。きっとこんな些細なエピソードが、ベルギーのよき思い出として心の中に残るのだろう。
　村にはもう一つ有名なレストランがある。翌日はそこでディナーを取ることにした。
　ル・コール・シャス (Le Cor de Chasse) (P125 中、下) は、1681 年に建てられた大きな農場を改装して造られたホテル&レストラン。6つある部屋は、どれもデザイナーのこだわりが生かされている。スイートルームを見学したが、ガラス張りのバスルームがあるモダンな造りに驚いた。
　レストランは裏のガーデンに面した場所にあった。ウエイティングルームで食前酒を飲んでいたら、厨房からシェフのマリオ・エリアスさん (P125 左中) が出てきたので少し話をする。彼はベルギーで名の知れた若手シェフ。祖父も父親もシェフで、自分が料理の道に進むことに何の迷いも生じなかったという。
　共同経営者である奥さんのオロール・マテニュさんが勧めてくれたコース料理を注文する。地元の食材を使って生み出される料理は、オードブルの最初の一品から美味しかった。シカ肉にかけられた、地ビールをベースにしたソースの味に感動した。

URL http://www.everyoneweb.fr/ferme.paquet
URL http://www.lesbuissons.be
URL http://www.lecordechasse.be

> リュクサンブール州
> Province du Luxembourg

ニィ
Ny

古くからつづく、豊かな土壌に恵まれた村

ガロ・ローマ時代の墓が見つかるなど、この地には古くから人が暮らしていた。たとえば、お金の入った壺が発掘されたが、それは8世紀のものであった。17世紀には38世帯もの大きな農家が建ち並び、この地域で一番人口が多い村だった。肥沃な土壌と豊富な水資源に恵まれ、村人たちは裕福であったといわれる。

MAP P189-E2

　村は、ナイーヴ川とドイエ川が合流する広い谷にあった。周辺には農地が広がっている。この地方は、土の性質がいいことから、17世紀頃、農業が盛んになったという。当時は38もの納屋が建ち並んでいたそうだ。

　村に入ってまず目に飛び込んできたのが、四角い塔を持つノートルダム・ド・ラソンプション教会（Église Notre-Dame de l'Assomption）(左上)だった。1557年に建てられ1855年に再建されたネオゴシック様式の聖堂だ。

　軽やかな水音が響いていた。所々に水場(P129)があり、地中から地下水が水道の蛇口をひねったように湧き出している。「飲用不可」と書かれていたが、村で小休憩していたサイクリストは、飲料用として水をボトルに入れていた。

　目抜き通りには、淡いグレーの石灰石でできた民家が建ち並んでいた。ドイツの村でよく見かける、木組みと煉瓦の壁を持つ民家も多かった。庭先にさりげなく置かれたカントリー調の花飾りが目を引く。

　路上で元気に遊ぶ子供たちにカメラを向けると、照れくさいのか、勢いよく自転車をこいで逃げてしまった。

　馬が草を食む草原の向こうに、17世紀後半に建てられた要塞農場（Château-ferme）(P126 中下)があった。フランソワ・ド・カサルとその妻の紋章が飾られている。「私有地」と書かれていたので、どうやら人が住んでいるようだ。門の外から中を覗くと、真四角の大きな中庭があり、1台のドイツ車が停まっていた。

　村を2周してみたが、あまり見学するようなところはなかった。レストランやカフェも見つからない。

　そこで、車で5分ほど走ったところにあるオトン村（Hotton）(P130-131)まで行ってみることにした。ウルト川沿いにある約5400人が暮らす小さな町

だ。近くにオトン洞窟（Grottes de Hotton）があることから、ベルギーでは人気の高い観光地になっている。

　まずは川辺にあるガゼボ（上）から、午前の眩しい光に照らされた美しい町の景観を楽しんだ。

　1797年に建てられた歴史ある建物が観光案内所（中、下）になっていた。中に入り、地図とパンフレットをもらう。

　小さな博物館が併設されていたので、興味本位で覗いてみる。暖炉やテーブルなどが置かれ、中世の農村の生活が再現されていた。奥には、リヴェオ（Riveo）(P131中、下) と呼ばれる淡水魚水族館があった。水槽がずらりと並び、この地方で生息している川魚、エビ、カエルなどを間近で観察することができた。平日は、小学生たちが課外授業でよく訪れるという。ここで、身近にある水資源の大切さを学んでいるのだろう。この地方の村や町は、どこまでも水と結びついていた。

URL http://www.riveo.be/

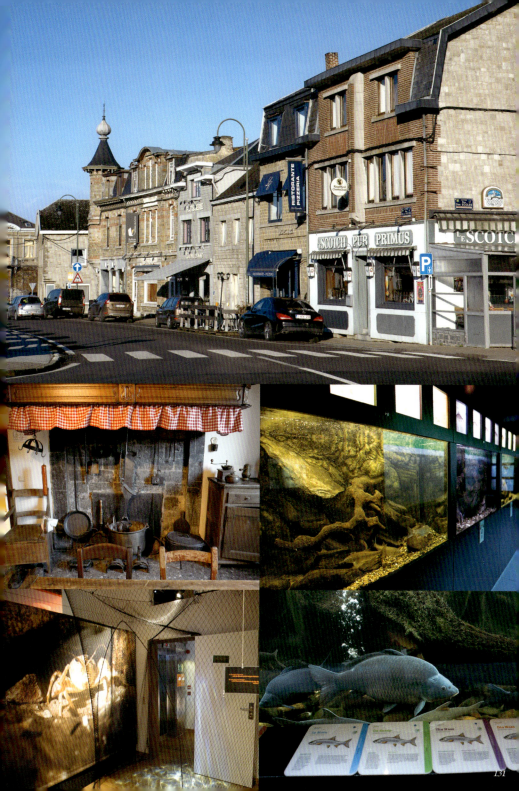

リュクサンブール州
Province du Luxembourg

ソイエ
Sohier

ローマ時代の墓が残る古い歴史を持つ村

17世紀までにさまざまな侵攻を受け、城を含め、荒廃してしまった。その後、城の所有者は転々としたが、現在は花が咲き乱れる村として有名になった。

MAP　P189-D3

　毎年、ヨーロッパ・フローラル協会が、花がある美しい町や村に賞を与えている。この村は、2000年に賞に輝いたことがあるというので、訪れる前から楽しみにしていた。

　案の定、村の中にはたくさんの花が咲きみだれていた。民家の窓辺はもちろんのこと、バス停の屋根や街灯にもフラワーバスケットが置かれている。中には、大きなフラワーガーデンがある家もあり、村人たちが花を通して一つになっていることがひしひしと伝わってきた。

　花飾りが美しいアンティークのワゴンにカメラを向けていたとき、大きなタンクを牽引したトラクター (P135左中) がやって来た。

　運転席から飛び降りたおじさんが、「こっちに来い」と誘う。何だろうと思い、ついて行くと、教会の裏に案内された。「ここを登ってみろ」と石壁の前に置かれた丸太 (P135中) を指差す。言われた通りにすると、ソイエ城 (Château de Sohier) (P135左上) を一望することができた。

　3つの塔を持つ大きな城だ。16～17世紀には砲塔を基礎とした要塞城という趣が強かったが、1866年以降何度も装飾的な可変が加えられ、今の姿に生まれ変わったのだという。

　城は私有地にあると案内に書かれていたので、写真を撮ることを諦めていた。しかし思わぬ形で城と対面することができ、嬉しかった。きっとこの覗き場所は、城のオーナーも承知の上だろう。

　おじさんに礼を言った後、近くにあるサン・ランベール教会 (Église Saint-Lambert) (P135、下) に立ち寄ってみた。1870年の折衷主義の建築で、内部は神殿を思わせる堂々とした佇まいだ。所々に聖像と絵画があり、小さな美術館のようだった。

　村歩きは楽しかった。花壇の中に、音楽を奏でたり、絵を描いたりする人形を飾り、ストーリーを作り出している庭もある。まさに被写体の宝庫、自然と心が浮き浮きしてくるのだ。

　ある民家の庭先で、凝った花壇（P136下）を見つけた。ペチュニアやマリーゴールド、アジサイが咲く花壇に、木の樽や牛の置物がポツンと置かれている。
　たまたま家から出てきたおじさんに、「この花壇、どなたが作ったのですか?」と質問すると、「もちろんオレさ。今はリタイヤして時間があるからな」と言った。
　農民だったというロバート・モダルさん（P136上）、植物を育てることはお手のものらしい。記念写真をプレゼントしようと連絡先を尋ねると、「メールアドレス？　そんなものはないさ。インターネットなんかこれから先もやらんよ」と笑い、紙に住所と名前を書いて渡してくれた。
　村人に紹介されたマリー・ボネーシュさん（上中、下）の自宅（右上）を訪れる。彼女は今年85歳、この村の最高齢の女性だ。
　家の中に入ると、リビングが2つに分かれ、どちらにもドアがあった。訳を尋ねてみると、「私が生まれるずっと前、この建物は郵便局でした。狭い方の部屋は、人が訪れる窓口として使われていたのです」
　かつて、この村にあった小学校で先生をしていたというマリーさん、今は本を読んだり、昔のポストカードや地図を集めるのが趣味だという。それらをテーブルの上に並べ、この村にたくさんの子供たちがいて賑やかだった時代のことを懐かしく語りはじめた。
　蔵書の前でマリーさんのポートレートを撮った。キリッとした表情から、この村で生きてきた誇りのようなものを感じた。

リュクサンブール州
Province du Luxembourg

ノーブルサール
Nobressart

ガロ・ローマ時代からの歴史があるという村

13～17世紀は農業を中心に発展していたが、三十年戦争以降、住民が10人まで減ったこともあった。18世紀後半から、教会、学校の再興がはじまり、第一次世界大戦後には道路が整備されたおかげで、移住者が増えた。

- 村から少し離れた丘の高台
- Nobressart ノーブルサール
- ヴァン通り
- ル・カナール・ド・エピスリ Le Canard d'O Épicerie
- ショック通り
- サントル通り
- アルト通り
- サン・ジャン・バティスト教会 Église Saint Jean-Baptiste
- 旧水車 Ancien Moulin Impérial
- 200m

- ショック通り
- アルト通り
- Nobressart ノーブルサール
- サントル通り
- エグリーズ通り
- ロッテール村 Lottert
- ラ・パサジェール La passagère
- 1000m

MAP P189-E3

　丘陵に延びた一本道を行くと小さな村が現れた。目抜き通りからブドウの房のように路地が延び、白壁の民家が寄り添うように建っている。
　まずは、村の中心にあるサン・ジャン・バティスト教会（Église Saint Jean-Baptiste）(P141)を訪れた。1838年に建てられた大きな聖堂だ。堂内の壁は淡いクリーム色で統一され、たくさんの聖人像が置かれていた。天井と柱頭に描かれた青と赤のラインがひときわ目を引く。
　かつて小学校として使われていた建物(P141左下)は、教会のすぐ横に建っていた。今、この村で暮らす約60人の子供たちは、親の車で隣町の小学校に通っているらしい。
　路地を歩いて行くと、L字形の建物がある大きな農家の前に出た。旧水車（Ancien Moulin Impérial）(P142)と呼ばれるこの建物は、18世紀、製粉工場として使われていたらしい。壁にオーストリア皇后の紋章が飾られていた。

　庭でチャボの世話をしていた家の主、ピエール・ランステールさん(P142下)と握手を交わす。生粋のルクセンブルク人で、ルクセンブルクなまりのフランス語を喋った。
「家の中を見てみるかい？」
　1階のキッチンやリビングがある住居スペースを通って階段を3階まで上がる。倉庫のような薄暗い空間に、真っ赤な粉砕機と木製の巨大な歯車があった。
　ピエールさんが説明してくれる。
「村が最も栄えていた頃、ここで水車の動力を利用し、毎日大量の小麦をひいていたんだ。しかし時代の流れとともに取引量が徐々に減少していき、1968年、最後の製粉業者、ジャック・ジョセフ・ネ氏が亡くなったのを機に、この機械も役割を終えたんだよ」
　今農場では、山羊、羊、七面鳥、チャボを飼育し、かつて水車があった川ではマスの養殖に

　力を入れているという。入り口近くにある小さなお店では、自家製の蜂蜜やジャムなどが販売されていた。
　ピエールさんと別れた後、ふたたび村歩きをはじめる。
　静けさが漂う村で、村人はあまり見かけない。食料品店、雑貨店のようなものは一軒もないのだろうか。そう思いはじめたとき、ル・カナール・ド・エピスリ（Le Canard d'O Épicerie）(左上、左下、下中左) という小さなお店を見つけた。ドアを開けて中に入ってみる。
　瓶詰めや缶詰、ワインなどが置かれていたが、普通の食料品店とは違うようだ。店員に尋ねてみると、鴨肉を売る専門店だという。小さな村に食品の専門店があることに驚きながら、冷蔵庫に詰め込まれた鴨肉を見せてもらった。
　村の中に宿はなかった。ロッテール村

（Lottert）の手前にあるB&B、ラ・パサジェール（La passagère）(右下、下中右) に予約を入れる。
　道に迷いながらもどうにか宿に到着すると、ラムリー夫妻が温かく出迎えてくれた。
　ご主人のジャックさん (右上) は、この地で30年以上も暮らし、村の歴史や文化についても詳しかった。
　翌日、ジャックさんがノーブルサール村を案内してくれることになった。
　まず訪れたのが、村から少し離れた丘の高台（P139）だ。そこから村を一望することができた。手前の牧草地で、一頭の牛が草を食べている。絵に描いたような長閑(のどか)で平和な景観をしばらく見つめていたら、心が穏やかになっていった。

URL http://www.traiteur-arlon.be/fr/
URL http://lapassagere.be/fr/

リュクサンブール州
Province de Luxembourg

トルニー
Torgny

ローマ時代の遺跡のほか、6〜7世紀の彫刻もたくさん残る村

1301年、当時の領主がルクセンブルク家のアンリ7世にこの村を売ったが、その後、村人や管理を任された司祭たちが村や城を守ってきた。第二次世界大戦時に教会は爆撃を受けたが、古い建築物は修復された。ベルギーの中でも温暖な気候で知られている。

赤い壁の建物
ラモルテー通り
Torgny トルニー
19世紀の水場
グランド通り
観光案内所
エルミタージュ通り
エルミタージュ教会
Chapelle de l'Ermitage
サン・マルタン教会
Église Saint-Martin
ラ・グラップ・ドール
La Grappe d'Or
ヴァン・アン・ヴィ
Vin en Vie
200m

MAP P189-E4

村はフランスとの国境近くにあった。蜂蜜色をした石造りの民家が建ち並び、多くの家の玄関や窓辺に花が飾られている。目抜き通りに面した民家の庭では、ラベンダーの花が咲き誇っていた。どこか可愛らしさを感じる、文字通りの「美しい村」だ。

最初、村の高台に建つサン・マルタン教会（Église Saint-Martin）(上、中上)を訪れた。煉瓦造りの美しいこの聖堂は、1583年に建てられ、1948年に再建されたという。静かな堂内は、ステンドグラスから射し込むやわらかな自然光につつまれていた。

近くに観光案内所があったので入ってみる。日本から来て「ベルギーの最も美しい村」を巡っていると伝えたら、観光局のベルナール・ジョワネスさん(P148右上)が特別に村を案内してくれることになった。口髭を生やした大学教授のような風貌を持つおじさんだ。

まず向かったのが、丘を登った森の中にあるエルミタージュ教会（Chapelle de l' Ermitage）(P146、147下)だった。霧の中に佇む姿が実に神秘的だ。この聖堂には、今年90歳になるシスターが一人で暮らしているという。

ファサードの壁に、2つの楕円形の穴(中下)があいていた。不思議に思いベルナールさんに尋ねてみると、

「1636年、ペストが最も流行したときにこの聖堂が造られたんだ。たとえ感染者でも、外から祭壇を見て祈りを捧げることができるように窓を用意したといわれている」

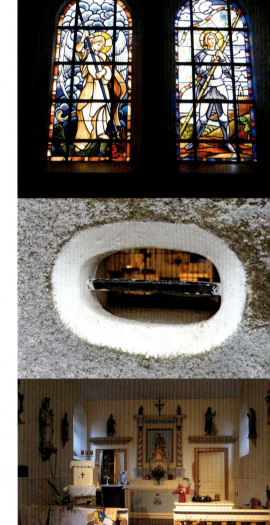

　次にベルナールさんは、赤い壁を持つ建物(中上)の前で歩みをとめた。ワロン地方の文化遺産に登録されている民家だという。
「この壁の赤い色は、土に牛の血を混ぜて出している。屋根にある丸い煉瓦はどうやって造ったかわかるかい？ 職人が、奥さんの股を型にして、一つ一つ生み出していったのさ」
　近くに19世紀に使われていた水場(左上)があった。ベルギー各地の村で目にしてきた水場の中では最も大きい。
「当時、村の男たちはこの水場を〈蜂の巣〉と呼んでいたのさ。それほど村の女たちのお喋りがやかましかったんだろう。女性は今も昔も変わりないな」と笑いながら語るベルナールさん。
　フランス文化の影響だろうか、この村は、ベルギーでは珍しくワイン作りが盛んな地として知られている。高台の斜面に広がる2haのブドウ畑を見学した後、村に一軒だけあるワインセラー、ヴァン・アン・ヴィ (Vin en Vie)(中下、下、P149上)に立ち寄ってみた。
　ソムリエのトマ・セドリックさん(左中)が、店内を案内してくれる。残念ながら、夏の時季は、棚にあるワインはすべてフランス産だという。地元ワインは、白ワインとシードルが1本ずつしか残っていなかった。
　トマさんが言う。
「この村のワインの生産能力は、まだ年間1000本に満たないのです。だからこそ希少価値があるのかもしれませんね。毎年春前には売り切れてしまいますよ」
　その後、ベルナールさんと一緒にバー(P150上)

　に入り、村を案内してくれたお礼にビールをご馳走した。数あるビールの中から何を選ぶのだろうと楽しみにしていたら、ベルギー最古のトラピストビール、オルヴァル (ORVAL)（左上）だった。
　村の中心にあるホテル＆レストラン、オーベルジュ・ド・ラ・グラップ・ドール (La Grappe d'Or)（中、下、P151）に宿泊することにした。ここに、ミシュランの一つ星に輝く有名なレストランがある。シェフのクレマン・プティジャンさんは、8年前にこのレストランをオープンしたが、翌年には星を獲得し、人々を驚かせたという。
　19時を過ぎると、テーブルは予約客でいっぱいになった。オランダやフランスからの旅行者、家族連れも多い。
　オードブルは、3プレートも出てきた。地元で採れる野菜を丁寧に調理し、陶器の皿に可憐な花が咲くように盛りつけている。メインの鴨の肉とカボチャには、オリジナルのチョコレートソースがかけられていた。あえて違う素材を組み合わせて生み出される創作料理は、どれも初めて出会う味だ。この小さな村で、料理のさらなる深みを目指すシェフの情熱とこだわりに感動した。

URL https://www.facebook.com/vinenvie
URL http://www.lagrappedor.com/fr/

リュクサンブール州
Province du Luxembourg

ミルワール
Mirwart

破壊を免れた、さまざまな建築様式の建物が、楽しめる村

養殖のニジマスが名物の村。2016年に「最も美しい村」に認定された。近くのモルモン村にある歴史村が人気。

MAP P189-E3

村の中央に、1869年に建てられたサン・ロック教会 (Église Saint-Roch) (右、P155上) があった。堂内に入った瞬間、祭壇に目が吸い寄せられる。精緻を極めた繊細な木の彫刻に感動した。

真っ直ぐ延びる目抜き通りの先に、ミルワール城 (Château de Mirwart) (P155下) が聳え立っていた。

城の近くまで行ってみる。私有地で、門から中に入ることはできない。今はオランダ人が所有しているというが、使われている気配がなかった。しかし近い将来、高級ホテルに生まれ変わる計画があるという。

10分ほどで隅から隅まで歩けてしまうような小さな村だ。コロンバージュ様式の建物を写真に撮り、ほかに何かないかと探しているとき、「好感が持てる大食いの王様」という意味を持つオーベルジュ・デュ・グランドジエ (Auberge du Grandgousier) (P156・157) を見つけた。お昼時だったので、ランチを食べようとドアを開ける。

ワイングラスが置かれたテーブルが並び、バーカウンター、暖炉がある本格的なレストランだ。「ベルギーの最も美しい村」を巡っていると伝えたら、オーナーのヴァンアケール夫妻が仕事の手を休めてわざわざテーブルまで来てくれた。

奥さんのカトリーヌさん (P156右中) にお勧め料理を尋ねてみる。やはり秋はジビエだという。地ビール、ル・スムール (le Semeur) を飲みながら、鹿と猪の肉を美味しくいただいた。

食後、キッチンにいたご主人のフィリップさん (P156左下) に挨拶すると、「次に来たときは、この村名物のトラウト (ニジマス) を食べてみてくれ」と言った。近くに州営の養殖場があり、常にフレッシュな魚を入手できるという。

早速行ってみることにした。農地に続く一本道を下って行く。突然森がはじまり、川に架かる橋を渡ると、いくつもの養殖池が見えてきた。近くの川の浅瀬 (P153) では、子供たちが天然の魚を追いかけて遊んでいる。

午後、モルモン村 (Mormont) にあるサン・ミ

ッシェル歴史村 (Domaine du Fourneau Saint-Michel) (P158・159) を訪れた。ここは、1971年、高速道路などのインフラ整備によって取り壊しを余儀なくされた歴史的建造物の永久保管を目的に設立されたという。ワロン地方の昔の生活を知ることができる場所として、ベルギーでは人気のスポットになっているらしい。

入場料を払って中に入ると、まさに100年前にタイムスリップしたかのような世界が広がっていた。さまざまな建築様式を持つ素朴な農場、納屋、教会、学校が間隔をおいて建っており、昔の農村の暮らしや、鉄工業の歴史を学べる博物館もあった。まさに時間を忘れて、広大な施設内を歩き回った。

URL http://www.grandgousier.be/
URL http://www.fourneausaintmichel.be/

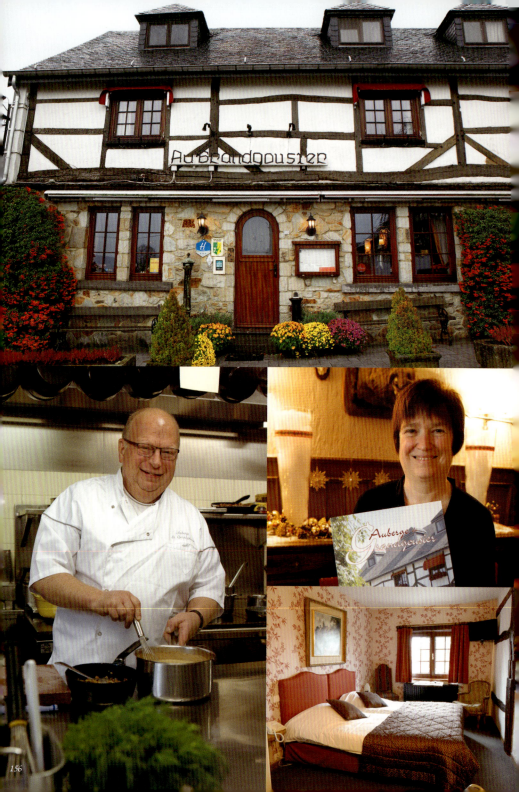

リュクサンブール州
Province du Luxembourg

シャスピエール
Chassepierre

「石の家」というラテン語から名づけられた村

ローマ人の居住地が見つかったという古い村だが、現在の家々は17〜18世紀に建てられたもの。低くくっつくように並んでいるのは、耕作地をなるべく広くし、強風やスモワ川の氾濫から村を守るためといわれている。夏のフェスティバルには多くの人が集まる。

N83号線沿いの下り車線に、小さな見晴らし台(P160・P161上)があった。そこに車を停めると、シャスピエール村を一望することができた。まるで、中世の雰囲気をそのまま封印したような素朴な村だ。

期待に胸躍らせながら、坂を下り村に入る。真っ先に目に飛び込んできたのが、1702年に建てられたバロック様式のサン・マルタン教会（Église Saint-Martin）(右)だった。修復工事が行われていたので敷地内には入ることができない。立ち去ろうとしたとき、壁の煉瓦を積み重ねていたおじさんが、「この道の先にある階段を下りてみろ」と言った。

早速足を運んでみると、そこには洞窟のような空間(P161右中)があり、大きな石臼(P161右下)が置かれていた。案内板には、18〜19世紀の製粉場の跡地だと書かれている。かつて、村で最も活気があった場所なのかもしれない。

ゆるやかに傾斜した目抜き通りを歩いて行くと、屋根付きの小さな水場(P163中)があった。柱には、ここを利用していた村人の様子をとらえたモノクロ写真が飾られている。

村の中には、2軒のレストランがあった。ちょうどお昼時だったので、近くのル・ルレ・ド・シャスピエール（Le Relais de Chassepierre）(P165)に入ってみる。

外のテーブル席には白いバラが、店内にはブリキ細工やアンティークの小物が所狭しと置かれていた。店主のこだわりが生かされた、旅人が寛げそうな空間だ。併設する食料品店には、この地方特産の蜂蜜がたくさん売られていた。

ウエイトレスに郷土料理を尋ねると、チーズやポテトを使った料理を勧められた。そこで、グラタンを注文してみる。料理が運ばれてきたとき、濃厚なチーズの香りがした。ポテトの上にさりげなくのせられた一枚のコンテチーズにお得感を感じながら、あっという間に平らげてしまう。

向かいのレストラン、ラ・ヴィエイユ・フェルム（La Vieille Ferme）(P163上)にも立ち寄ってみた。こちらはシックな雰囲気の店内で、ゆっくりとディナーを食べるのに適しているような気がした。ウエイターに尋ねると、夏はマス料理、秋はジビエ料

理が人気だという。道を挟んだ向かいの建物が、12部屋ある宿泊施設になっていた。平日は予約なしでも部屋が取れるらしい。

「この村が最も忙しくなるのは、8月の第2週末に行われる国際ストリート・アート・フェスティバル（Festival International Des Arts De La Rue Chassepierre）のときです。プロの大道芸人、ミュージシャン、コメディアン、ダンサーがこの地に集結し、2日間で3万人以上もの観客が訪れるんですよ」

この小さな村に3万人！ 村おこしの大切なヒントを教えてもらったような気がした。

いったん村を出て、スモワ川（Semois）まで歩いて行ってみた。橋の上から眺める村の全景(P164)は素晴らしかった。少し高台に、まるで壁を造るように建物が密集して建っているのは、水害から村を守るためだろう。

岸辺で釣りを楽しむ村人がいた。何の魚が釣れるのだろうと想像しながら、美しい風景を何枚も撮った。

URL http://www.relaischassepierre.be/
URL http://www.la-vieille-ferme.com/
URL http://www.chassepierre.be/fr/

リエージュ州
Province de Liège

クレールモン
Clermont

歴史遺産と美味しいビール、ソーセージが楽しめる優雅な村

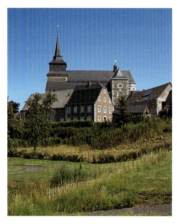

この村の名前は、1230年にリエージュ司教が残した憲章に初めて見ることができる。16世紀には果樹生産、17世紀には製釘業で栄え、18世紀に入ると、織物工業が盛んになった。

- Clermont クレールモン
- アンシエンヌ・アル／村役場 Hôtel communal ou Ancienne halle
- サン・ジャック・ル・マジュール教会 Église Saint-Jacques le Majeur
- ルネ・リュットン通り
- バック通り
- 池
- 100m

- ヴァル・デュー修道院 L'Abbaye du Val-Dieu
- オベル村 Aubel
- 戦争博物館 Remember Museum 39-45
- デ・ベオル Des béolles
- Clermont クレールモン
- N642, N650, N648, N3, E40, A27
- 2000m

MAP P189-F1

　ルイ13世様式からルイ15世様式の3階建ての民家が建ち並び、道はびっしりと石畳に覆われ、車が規則正しく停まっている。まるで街のような佇まいをした村だった。

　中でも目を引いたのは、14世紀に建てられ、1888年に建築家ポール・ドマニによって改築されたアンシエンヌ・アル／村役場（Hôtel communal ou Ancienne halle）(P166右上、右下)だった。螺旋階段を上り中に入ってみると、観光案内所になっていた。スタッフの女性から地図と資料をもらう。

　その向かい側に、サン・ジャック・ル・マジュール教会（Église Saint-Jacques le Majeur）(P168-169)が建っていた。1635年に建てられたゴシック様式とムーズ・ルネサンス様式が混在するこの教会は、ワロン地方の歴史遺産に登録されているという。ちょうどお葬式が行われていたので入り口でためらっていると、おばあさんが「中に入っていいわよ」と優しく声をかけてくれた。大理石の彫刻と絵画が飾られた優美な祭壇に思わず息を呑む。

　巡礼者の道案内として使われているのだろう、村内のいたる所にホタテ貝のプレート(P167左下)があった。それに導かれるように村歩きをしていると、草原に囲まれた小さな池に出た。背後に聳え立つサン・ジャック・ル・マジュール教会の大きさに改めて驚く。

　戦争博物館（Remember Museum 39-45）の近くに小さな肉屋、デ・ベオル（Des béolles）(P170-171)があった。ご主人のアンドレさんと奥さんのミリアムさん(P170左上)が満面の笑みで出迎えてくれる。

　冷蔵ショーケースの中には50種類以上の精肉が並び、壁にはあふれんばかりのソーセージがぶら下がっていた。2002年にこのお店をはじめた頃は、週に牛1頭だけで賄えたが、今は4〜5頭

　は必要になってきたという。豚や鶏も飼育し、野菜もすべてガーデンから調達していると教えてくれた。
　「味見してごらん」とソーセージのスライスをいくつかもらったので、この地方特産の洋ナシとリンゴのシロップ（P171左上）をつけて口に運んでみる。どの肉もびっくりするほど美味しく、片っ端から日本に持って帰りたくなった。
　ひっきりなしに訪れる常連さんとの会話を楽しみながら商売をする二人。この仕事を愛していることがよく伝わってきた。
　その後、クレールモン村から5kmほど離れたオベル村（Aubel）にあるヴァル・デュー修道院（L'Abbaye du Val-Dieu）（P172～73）を訪れた。1216年、シトー会の修道僧によって建てられた荘厳な修道院で、祭壇に繊細なデザインの大きなステンドグラスがあることで知られている。
　この修道院にはビールの醸造所が併設されている。経営者のアラン・パンカルスさん（P172左中）が、熟成タンクが整然と並ぶ工場内を案内してくれた。
　「ヴァル・デュー（Val Dieu）の消費は国内が中心ですが、20％は海外へ輸出しています。日本でもこのビールのファンはたくさんいますよ」とアランさん。
　今は年間1万2000hlだが、5年後には2万hlまで増やしたいという壮大な計画を語ってくれた。
　ちょうどランチの時間だったのでレストランに入ってみた。ヴァル・デューを飲みながら、この州の名物であるミートボール（ブレと呼ばれている）とフライドポテトを食べる（P172右下）。玉ねぎ、赤砂糖、シロ・ド・リエージュ、セージの葉を合わせて作った濃厚なソースが肉ととてもよく合っている。ほのかな甘みを持つジャガイモもとても美味しい。ファーストフードの影響で世界に広がったこのフライドポテトは、ベルギーが発祥であることを、この日初めて知った。(1hl=100l)

URL http://www.val-dieu.net/

リエージュ州

Province de Liège

オルヌ
Olne

赤煉瓦と白い石灰石の
コントラストが美しい、
ロココ様式の建物が並ぶ村

貴族の書簡などから、1005年頃にはすでに村として存在していたことがわかる。その後、有力貴族などに統治されていたが、一時はオランダの飛び地となったこともある。主要な道路に近かったこともあり、さまざまな文化、富が流入し、大砲の製造で財を成した家がいくつもあった。第一次世界大戦後、村は徐々に衰退したが、20世紀後半になって小さな村として再生した。現在は観光に力を入れている。

MAP P189-E1

　村の中には、赤煉瓦と石灰石を組み合わせたロココ様式のエレガントな建物がいくつも建っていた。18世紀半ば、採石、陶器、ラシャ（織物）、釘製造などで経済的発展を遂げ、豊かになった村人は、街のホテルのような建物を好んで生み出していったという。

　目抜き通りでまず目にとまったのが村役場（Maison Communale）(P176 上、中、右中、右下)だった。普段は一般公開していないということだったが、特別に内部を見学させてもらうことができた。

　絵画が飾られた暖炉のマントルピース、彫刻の施された扉や階段の手摺り、書棚など、どれも保存状態がよく、18世紀の生活文化を垣間見ることができた。1981年に建物と調度品が文化遺産の認定を受けたという。

　1584年に建てられ何度も改築されてきたサン・セバスティアン教会（Église Saint-Sébastien）(P176 左下、下中)は、村の中心にあった。教会の壁に埋め込まれている墓石を見学した後、静かな路地を歩いて村外れへ行ってみる。牧草地の脇に、十字架に磔にされた真っ白なイエス・キリスト像(上)があった。青空とのコントラストが目にまぶしい。

　小高い丘の上に建つ一軒の農家、オルヌ旧城（Ancien Château d' Olne）(P178 上)を訪れる。ファサードの彫刻、左右にある大きな塔は、18世紀の城の名残だ。

　車で5分ほど走ったところに、センス・セニュリアル・ド・フロワベルモン（Cense seigneuriale de Froidbermont）(P179 左中)があった。かつて、貴族の邸宅だったという。煉瓦と石造りの納屋の間を抜けると、美しい石畳のある正方形の中庭(P179 左上)に出た。

　この日はネソンヴォ村（Nessonvaux）近くにあるB&B、オ・カトル・ボニエ（Aux Quatre Bonniers）(P178 中下、P181 下)に宿泊することにした。

　1813年に建てられた街のホテルを思わせる大

きな建物だ。ナポレオン・ボナパルトの時代、武器の製造で財を成した会社の社長の邸宅だったらしい。

オーナーのカトレーヌ・ヴァン・デン・ブルックさん(P181下右中)が素敵な笑顔で出迎えてくれる。かつて数学の教師をしていたが、料理を作ったり、旅人と接したかったので、思い切って仕事を辞め、宿をはじめたという。会社員のご主人も、忙しいときは手を貸してくれるらしい。

ギシギシと音をたてる階段を上がり2階に行くと、そこはたくさんの本が並ぶミニライブラリーになっていた。客間は3部屋と少なかったが、どの部屋も広々とした造りで、特にバスルームがゆったりしていた。

夕食は、ペパンステ村 (Pepinster) にあるホテル&レストラン、ラファルク (Lafarques) (P180) に予約を入れた。

早速足を運んでみると、まず、森の中にひっそりと佇むチューダー様式の優雅な建物に驚かされた。1927年、織物業で財を成したズルストラッセン家の邸宅として建てられたという。

かつてミシュランの星を獲得したことがあるレストランは、1階部分を占めていた。ふかふかのソファーが置かれたウエイティングルームで食前酒を飲んでいるとき、カジュアルな服装で来てしまったことを少し後悔した。

サーモンのマリネ、トリュフ入りのマッシュドポテト、ウサギの肉、シカの肉……。どの料理も上品な盛りつけで、素材の持ち味を生かし、丁寧に味付けされていた。シェフのダヴィド・フリコさん(P180左上)に感謝を伝え、レストランを後にする。

翌朝、オ・カトル・ボニエの朝食(P181左下)も素晴らしかった。パンはもちろんのこと、ジャム、チーズ、ヨーグルトにいたるまですべてがホームメイド。「このジャムは、バラの香りがするのよ」と一つ一つ料理を説明してくれるカトレーヌさん、旅人との交流を心から楽しんでいるようだった。次にオルヌ村を訪れるときも、この家庭的な宿に泊まろうと心に誓った。

URL http://www.quatrebonniers.be/
URL http://www.lafarques.be/en/

> リエージュ州
> Province de Liège

ソワロン
Soiron

窓辺や道に花ほころび、
地元の食材を思う存分楽しめる村

1005年から村の歴史は残っているが、所有者は転々とした。農業、ワイン醸造、紡績、織物産業、釘製造などのほかに、乾燥アザミという独自の産業も生み出した。第一次世界大戦後、人口は減ったが、牧歌的な村として魅力を維持している。

MAP P189-E1

　村の中には、17～18世紀のムーズ・ルネサンス様式の民家が建ち並んでいた。デザインに凝ったドアがあり、窓辺には色鮮やかな花が飾られている。

　サン・ロック教会（Église Saint-Roch）(左上)は、村の最も高い場所にあった。1086年に造られたこの大きな聖堂は、1692年の地震で甚大な被害を受けたが、1703年から1725年にかけて修復工事が施され、今の姿になったという。

　広場で遊ぶ子供たちの元気な声を聞きながら路地を歩いて行くと、軽やかな水音を響かせる小川に出た。手摺りにはサフィニアのボックスが置かれている。近くに大きな水場(右下)があった。かつて、ここに女性たちが集い水仕事をしていたのだろう。

　樹木に抱かれるようにソワロン城（Château de Soiron）(P183左下)が建っていた。この城も地震で被害を受けたが、当時の所有者ヴォルモン夫妻がルイ15世様式に建て替えたという。現在も子孫が所有しているため完全に私有地。門の隙間から中を覗いてみたが、入り口にある塔しか見ることができなかった。

　ある民家のガラス窓に、全村民を撮影したモノクロ写真(P185右中)が飾られていた。たまたま外に出て来た写真家と少し話をする。被写体となる人々のいい表情を引き出せる心の豊かさを感じた。きっと歴史に残る写真の仕事とは、このようなことをいうのだろう。同業者として大いに刺激を受けた。

　その後、歴史遺産の一つである城農場／アザミ乾燥庫(Ferme du château et séchoir à chardons)(P185下)を見学する。当時、ここで8月に

　収穫されたアザミの束を約3カ月間かけて乾燥させたという。建物の壁にあけられた160もの穴は、風を通すためのものだ。ちなみに、このアザミで作られたブラシは、生地を織る際、肌触りをよくするために最後の仕上げに使われたらしい。
　今、この建物は何になっているのだろうと思い中に入ってみると、パティシエ・トゥニセン(Pâtissier Theunissen) (P186)というパン&ケーキ屋だった。ショーケースの中には、ベルギーの国民的パンといわれるピストレをはじめ、バゲット、ワッフル、ケーキ、ビスケットが並んでいた。
　「ごめんなさい、人気のパンは午前中に売れてしまったの」と、店番をしていた女性が申し訳なさそうに言う。小腹がすいていたので、フルーツワッフル (1.85ユーロ) を買って食べた。
　目抜き通りで古めかしいレストランを見つけた。

営業時間外だったが、店内を覗くとオーナーらしき人がいたので声をかけてみる。
　レストラン、ヴィユー・ソワロン (Vieux Soiron) (上) は、1960年にオープンしたという。ジャック・ロンペンさん (下中) は1979年にオーナーになり、以降37年にわたってこのレストランとともに歩みつづけてきた。地元の食材を使って生み出される本格的なフランス料理は人気が高く、遠くの町から定期的に訪れるファンもいるらしい。
　残念ながら、金、土、日曜日のみの営業だった。次回この村を訪れるときはうまく曜日を合わせ、ワインを飲みながらジャックさんお勧めのコース料理を食べてみようと思った。

URL http://www.vieuxsoiron.be/

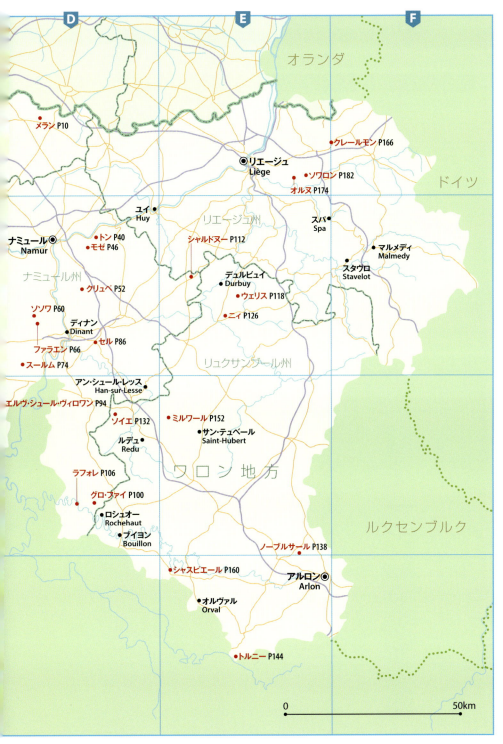

ベルギーの最も美しい村　索引

	村名		州名	ページ
A	Aubechies	オブシー	エノー州	16
B	Barbençon	バルバンソン	エノー州	28
C	Celles	セル	ナミュール州	86
	Chardeneux	シャルドヌー	ナミュール州	112
	Chassepierre	シャスピエール	リュクサンブール州	160
	Clermont	クレールモン	リエージュ州	166
	Crupet	クリュペ	ナミュール州	52
F	Fagnolle	ファニョル	ナミュール州	80
	Falaën	ファラエン	ナミュール州	66
G	Gros-Fays	グロ・ファイ	ナミュール州	100
L	Laforêt	ラフォレ	ナミュール州	106
	Lompret	ロンプレ	エノー州	34
M	Mélin	メラン	ブラバン・ワロン州	10
	Mirwart	ミルワール	リュクサンブール州	152
	Mozet	モゼ	ナミュール州	46
N	Nobressart	ノーブルサール	リュクサンブール州	138
	Ny	ニィ	リュクサンブール州	126
O	Olne	オルヌ	リエージュ州	174
R	Ragnies	ラニィー	エノー州	22
S	Sohier	ソイェ	リュクサンブール州	132
	Soiron	ソワロン	リエージュ州	182
	Sosoye	ソソワ	ナミュール州	60
	Soulme	スールム	ナミュール州	74
T	Thon	トン	ナミュール州	40
	Torgny	トルニー	リュクサンブール州	144
V	Vierves-sur-Viroin	ヴィエルヴ・シュール・ヴィロワン	ナミュール州	94
W	Wéris	ウェリス	リュクサンブール州	118

著者撮影／齋藤康一

吉村和敏 *Kazutoshi Yoshimura*

1967年、長野県松本市で生まれる。県立田川高校卒業後、東京の印刷会社で働く。退社後、1年間のカナダ暮らしをきっかけに写真家としてデビューする。以後、東京を拠点に世界各国、国内各地を巡る旅を続けながら、意欲的な撮影活動を行っている。自ら決めたテーマを長い年月を費やしながら、丹念に取材し、作品集として発表する。光・影・風を繊細にとらえた叙情的な風景写真、人の感情や息づかいが伝わってくるような人物写真は人気が高く、定期的に全国各地で開催している個展は、年々来場者が増えている。2003年カナダメディア賞大賞受賞、2007年日本写真協会賞新人賞受賞、2015年東川賞特別作家賞受賞。

本書は、出版後大きな反響を呼んだ『「フランスの美しい村」全踏破の旅』『「イタリアの最も美しい村」全踏破の旅』(ともに講談社)に次ぐ「最も美しい村」シリーズの3作目。単独取材によって、「ベルギーの最も美しい村」全27村を撮影したものである。

http://www.kaz-yoshimura.com/
office-mail@kaz-yoshimura.com

主な作品集に、『プリンス・エドワード島』『吉村和敏 PHOTO BOX プリンス・エドワード島 七つの物語』(ともに講談社)、『あさ／朝』『ゆう／夕』(ともにアリス館)、『ローレンシャンの秋』(アップフロントブックス)、『林檎の里の物語』(主婦と生活社)、『BLUE MOMENT』(小学館)、『Shinshu』(信濃毎日新聞社)、『カスタム・ドクター』(Nostro bosco)、『Moments on Earth』(日本カメラ社)、『雪の色』『KANRANSHA ×観覧車』(ともに丸善出版) などがある。

「フランスの美しい村」全踏破の旅
定価：本体 2500 円（税別）

「イタリアの最も美しい村」全踏破の旅
定価：本体 3800 円（税別）

「ベルギーの最も美しい村」全踏破の旅

2016年 5月23日 第1刷発行

著 者	吉村和敏
発行者	鈴木 哲
発行所	株式会社 講談社
	〒112-8001　東京都文京区音羽2-12-21
	電話　編集　03-5395-3529
	販売　03-5295-3606
	業務　03-5395-3615
印刷所	株式会社東京印書館
製本所	大口製本印刷株式会社

ブックデザイン	椎名麻美
プリンティング・ディレクター	高栁 昇
地図製作	ジェイ・マップ
協力	ベルギー観光局ワロン・ブリュッセル
	ダミアン・ドーム
	大庭パスカル
	Les Plus Beaux Villages de Wallonie
	Alain Collin
	François Delfosse
	Mark Rossignol
	Geoffrey Melin
	「日本で最も美しい村」連合

©Kazutoshi Yoshimura 2016, Printed in Japan

落丁本・乱丁本は購入書店名を明記のうえ、小社業務あてにお送りください。送料小社負担にてお取り替えいたします。なお、この本についてのお問い合わせは、生活実用出版部 第二あてにお願いいたします。
本書のコピー、スキャン、デジタル化等の無断複製は著作権法上での例外を除き禁じられています。本書を代行業者等の第三者に依頼してスキャンやデジタル化することは、たとえ個人や家庭内の利用でも著作権法違反です。

定価はカバーに表示してあります。
ISBN978-4-06-220059-2

Les plus beaux villages de Wallonie